論文不正とその挙証技術の資料集

資料編集　バード法律事務所
資料著作　弁護士　小柳泰治

大学教育出版

編集者序

本資料集は、ひとりの弁護士が、国立大学法人総合研究大学院大学（以下「総研大」という。）の論文不正事件を認知し、実際に総研大へ申し立てをした通報・告発、大学の回答、及び情報公開請求により入手した論文不正事件の資料全部を、縦書きにしてそのまま出版した資料集である。資料集は、宗教団体の争訟を研究した際に『東本願寺をめぐる争訟事例集（入江正信弁護士編・株式会社商事法務刊行）』全三巻の活用経験があり、論文不正事件の研究にとっても同様な資料集があれば好適だと考えたことから出版に至った。

総研大の論文不正事件とは、総研大が平成二四年に文化勲章受章者の上村松園作偽春画による大学院学生鈴木堅弘の博士申請論文に対し学術博士学位を授与したというわが国教育界で前代未聞の論文不正スキャンダルが発生したが、これを弁護士が平成三〇年春に偶然インターネットで知って驚愕したことが研究の発端になった。

弁護士は、平成三〇年一〇月一七日に総研大へ上村松園作偽春画論文事件に関し大学学位規則違反により授与学位取消請求の通報をした。総研大は、同年一二月一九日付け回答書により偽春画の断定は困難であって、通報案件を不正とは確認できないとする内容の門前払いの回答書を送付してきた。司法においては偽春画の断定は日常的な犯罪にも実施される手法であり、昭和四八年四月一二日宣告の最高裁第一小法廷の春画事件判例等に従って犯罪捜査が遂げられており、決して難事ではない。その消極判断の回答を形成した理由を解明する必要が生じた。年が明けて平成三一年一月にまず鈴木堅弘博士学位授与の経過に関する原議綴の情報公開請求を実施した。改元された令和元年五月からは、通報の回答書に関する請求や総研大の論文不正における予備調査と本調査等の基礎的事項に関しても広く請求を行った。通報に情報公開請求を組み合わせて実施した結果、回答の形成を主導した山下則子文化科学研究科長作成の予備調査報告や種々の文書類の開示があった。通報については、そこまで情報公開請求ができたのでその段階で終了することにした。

以後は、国立大学法人総合研究大学院大学における研究活動の不正行為への対応に関する規程に基づく論文不正事件の告発に移行した。告発においては、適法かつ適正な規程の合理的な申立てを実施することに加えて、通報の経験から得た告発事件の対処方針として情報公開請求を的確に全件実施することにした。

弁護士は、令和元年一二月一三日に元大学院生鈴木堅弘に対する学位授与博士論文の取下勧告を告発の趣旨と定めて大学規程に基づき告発をした。この告発は、当然予備調査から本調査へ進むものと予想し、事務職員の作業を僅かでも軽減するために通報の関係書類を告発書に引用添付して本調査に備えておいた。ところが総研大は、令和二年二月三日に本調査を行わない旨の回答をしてきた。

全く予想外の回答であり弁護士は、その本調査を行わない旨の回答を精密に調査するため情報公開請求を開始し、加えて規程の合理的適用の方策として規程に会議の一事不再議禁止規定がないことから、令和二年五月に再度の告発を適法に実施し、令和三年一月に虚偽公文書に基づく処分への告発を適法に実施した。その結果、学長及び副学長が規程の定める告発事件の民主的な本調査を嫌悪する余り告発事件を予備調査限りで、もみ消してしまうことを企て内容虚偽の予備調査報告書を偽造行使する刑法犯罪を敢行した犯罪事実が発覚したのである。よってやむ無く、この犯罪事実を第三者として事件認知した上、令和三年七月に検察官へ、学長・副学長の両名を公務員の虚偽公文書作成同行使事件の被告発人として刑事告発したことであった。

ところで総研大は、規程に基づき申し立てられた告発のほかに再度の告発及び虚偽公文書の告発についても、その両告発をもみ消してしまうことを企て規程には会議の一事不再議禁止に係る明文の規定が欠如しているのにこれがあるかのように装い、弁護士から情報公開請求を受けると当該明文の規定であるように偽った規程全文の写しを作成して開示し、これを送付してきたのである。厳格に刑法を適用して判断すると、この全文規程写しの開示・送付行為は、虚偽文書の開示・送付の所為であり刑法犯罪として処断されるべき犯罪行為である。これについては、別に刑事告発を提起することにしていたので、この両告発のもみ消し行為を厳正に批判するにとどめておくことにしたものである。

平成二四年頃に敢行された東洋英和女学院大学・京都大学・総研大の国内三大学の論文不正事件のうちで総研大の事件が最後に残った。総研大では現に刑事事件の被告発人である学長と副学長が大学運営を担っているという破滅的な実情にある。文部科学省は、わが国の教育について最終責任を負うとともに総研大首脳の人事権者の地位にあるので、速やかにこの破滅的な実情を行政的に終了に導くべきであろう。

バード法律事務所

資料編集

バード法律事務所

資料著作

小柳泰治（おやなぎ　たいじ）

昭和一一年新潟県生、検事、衆議院法務委員会調査室長、公証人、弁護士（バード法律事務所・神奈川県弁護士会）

目次

第一章　概説

上村松園作偽春画による博士申請論文に学位授与した国立大学法人総合研究大学院大学における論文不正事件の全体構造は、次のとおりである。

第一　通報

一　平成三〇年一〇月一七日付け学位規則第二三条違反鈴木堅弘学位取消請求の通報

二　総研大回答と情報公開請求

1　平成三〇年一二月一九日付け総研大不正なし回答

2　情報公開請求

(一)　学位取消関係

(1)　平成三一年一月一五日付け鈴木堅弘博士学位授与原議綴請求

平成三一年二月二〇日付け一部開示決定・翌三月二五日開示文書（学位申請論文なし）送付

(2)　平成三一年四月一〇日付け鈴木堅弘学位申請論文請求

令和元年五月七日付け開示決定・五月一五日学位申請論文送付

(二)　回答関係

(1)　令和元年五月二七日付け不正なし回答形成の全書類請求

令和元年六月二五日付け一部開示決定・七月二日開示文書送付–①二〇一八年一二月五日付山下則子文化科学研究科長作成「論文不正通報に関する予備調査報告」開示

(2)　令和元年七月一七日付け予備調査、本調査実施状況等の各種資料請求

令和元年八月九日付け全部不開示決定

第二　規程告発

第一節　告発

一　令和元年一二月一三日付け告発

二　総研大回答と情報公開請求

1　令和二年二月三日付け総研大本調査を行わない回答

2　令和二年二月一〇日付け本調査を行わない回答への情報公開請求・回答形成の全書類請求

令和二年三月一三日付け一部開示決定・四月一三日開示文書送付—②令和二年一月二四日山下委員作成第二回委員会配布資料「鈴木堅弘博論告発に対する予備調査」、③令和二年一月三〇日永田委員長説明第三回委員会配布資料「鈴木堅弘に対する告発に関する予備調査報告書（案）」、④令和二年一月三一日学長報告の総研大予備調査委員会最終版「鈴木堅弘に対する告発に関する予備調査報告書」開示

第二節　再度告発

一　令和二年五月二九日付け再度告発

二　総研大回答と情報公開請求

1　令和二年六月二九日付け過去の告発と同一内容につき不受理とした旨の一事不再議の回答

2　令和二年七月七日付け不受理回答への情報公開請求・明文の規定条文、意見形成の全書類請求

令和二年八月七日付け一部開示決定・九月四日開示文書送付—総研大規程写の虚偽文書開示

第三節　虚偽公文書告発

一　令和三年一月二八日付け虚偽公文書告発

二　総研大回答と情報公開請求

1　令和三年二月一〇日付け過去の告発と同一内容につき不受理とした旨の一事不再議の回答

2　令和三年二月一八日付け不受理回答への情報公開請求・明文の規定条文、意見形成の全書類請求

令和三年三月一九日付け一部開示決定・四月二一日開示文書送付ー総研大規程写の虚偽文書開示

第三　刑事告発

一　令和三年七月一五日付け検察官への虚偽公文書作成同行使事件に係る刑事告発

二　令和三年九月三〇日付け総研大へ刑事告発した旨の告知

第二章　通報

一　平成三〇年一〇月一七日付け通報

バード法律事務所
弁護士　小　柳　泰　治

総合研究大学院大学長　長谷川　眞理子　殿

目次

近年、論文において、虚構の研究結果を作成しあるいは存在しない研究データを作出する等の不正の方法による論文不正の多発する傾向が危惧されている。論文不正は、学術研究において初歩的かつ基本的な禁止事項であり、これに対しては的確に問責されるべき事犯である。

一方、論文不正に対し総合研究大学院大学は、総合研究大学院大学学位規則第二三条に、

「本学の学位を授与された者が、不正の方法により学位の授与を受けた事実が判明したときは、学長は、研究科教授会の意見に基づき、その学位の授与を取消し、学位記を返還させ、かつ、その旨を公表するものとする。」

と定めている。この条は、国が運営に関わる研究・教育機関としての責務である論文不正に対する適切な是正制度の設営であり、併せてその公表により国民に対して手続きの公明性を維持する民主的制度であると評価される。

当職は、最近職務に際し、平成二四年九月二八日総研大甲第一五三四号をもって鈴木堅弘に対し学術博士の学位を授与した学位論文題目「近世春画・春本の図像研究ーその背景表現への考察ー」を調査する機会を得た。この調査により、鈴木学位論文（以下単に「鈴木論文」ともいう。）において重大な論文不正が敢行されている事実を認知した。そして、この事実を単に傍観するに止めるか否かにつき慎重に熟考を重ねた結果、わが国における国家社会の学問に寄せる誠実な信頼を著しく毀損する右事実の悪質性は、看過することのできないものと判断するに至った。よって、総合研究大学院大学長において、その学位規則第二三条に基づき所要の措置を講ずるべきものと思料し、本件通報に及ぶものである。

二　鈴木学位論文における論文不正の概要

鈴木学位論文は、終章「消えゆく、春画の背景」において、その第四節には「消えゆく、春画の背景」と同じ標題を掲げて、「明治期における背景表現の喪失による春画終焉」の仮説を提示し、この仮説が本学位論文の主柱であるとした。春画研究家の著作によると、明治期における春画は、明治新政府の春画取締りが徹底して春画供給の体制が崩壊し、特に作者絵師の芸術水準が低下したことから急激に衰微したとの見解がある。この見解に異を唱える鈴木論文は、背景表現喪失による春画終焉の仮説を提示し、これを検証するとした。鈴木論文が学術論文として担う最重要課題は、同仮説の検証において成果を得ることに尽きる。

鈴木論文は、当初、明治三〇年頃に春画を刊行した絵師富岡永洗及び絵師武内桂舟両名とその作成春画により検証を実施するとしたが、浮世絵師周延や氏名不詳の絵師二名を増員して総計絵師五名とその作成春画により検証を実施する計画を立て、これを検証の標目として提示した。この検証を本書では「第一次春画終焉仮説の検証」と呼称することにする。検証とは、検証標目に基づき実証的に仮説検証の作業を行うものである。ところが、鈴木論文は、全く検証作業を行わないまま、検証標目の提示をもって仮説検証の成果が得られたとした。これには批判が生じた。鈴木論文は、この批判を免れる方途を探索するうち、浮世絵春画雑誌「季刊浮世絵」八四号の記事中に背景表現のない一二枚組物の肉筆春画帖を発見すると、これを利用して検証に供することを決意した。そして、まず虚妄の「明治の女流絵師・上村松園」なる絵師を作出した。次に同肉筆春画帖を「明治の女流絵師・上村松園作成の歌麿小町引写し肉筆春画帖」と詐称し、この肉筆春画帖の春画一二枚全部をもって検証作業に当たるとする検証標目を提示した。この検証を本書では「第二次春画終焉仮説の検証」と呼称することにする。鈴木論文は、検証作業に着手して僅かに同肉筆春画帖の春画一枚の検証を終えると、たちまち同春画帖の春画全部を検証した如く偽装し、仮説検証の成果が完全に得られたとした。その上に、この仮説検証には驚くべき不正が存在する。同肉筆春画帖なるものは、昭和五五年九月二五日から翌五六年一月五日までの間に贋作された春画である。贋作の春画を学位論文の主位のデータに用いた事例は、わが国の学問に存在したことはなく、まして学位を授与されたことは絶無である。最終的には、本学位論文の主柱である仮説の検証は、成果を得ることができなかったと解される。よって、鈴木論文は、現に不正の方法により学位の授与を受けた事実だけが残存していると評価される。

以下にこの一連の論文不正の事実を、「第一次春画終焉仮説の検証」と「第二次春画終焉仮説の検証」とに分説して詳述する。

三　第一次春画終焉仮説の検証

1　検証標目の提示

（一）鈴木論文の記述

鈴木論文の記述は、論文二八一—二八二頁にあり、

「ところでこうした明治期の春画をいくつか眺めていくと、ある重要な事実に気づく。」

と記述を開始し、

「それは「背景」が失われているということである。明治期の春画は版本や肉筆を問わず、そのほとんどが「性交表現」のみで構成されており、まったくといっていいほど「背景表現」が描かれていない。なかには「背景」のある春画も存在するが、その背景に描かれている情報量が江戸時代のものと比べると格段に少ない。それらには煙草盆や鏡などが二つ、三つ描かれているだけで、ほとんど何も描かれていないに等しい。この違いは江戸時代の春画と比べると歴然である。背景が失われている故に、

「台詞」や「詞書」などの文字情報もほとんど記されていない。この点に関してはすでに林美一が論文「伝統枕絵の断絶」のなかで指摘しており、明治期以降、画文一体型式の春画はほとんど描かれなくなったという。」

と背景表現の喪失について概略の記述をした。次いで、

「こうした「背景表現」の喪失を具体的な作品を通して見ていくならば、たとえば、富岡永洗の『八雲の契り』（一二枚組物）の画図［図一三］・［図一四］や、武内桂舟の『夜ざくら』（一二枚組物）の画図［図一五］などが上げられる。」

と、まず富岡永洗及び武内桂舟の両名とその作品を挙示し、これに加えて、

「また、作者不明の『水の出水』（刊年不明）の画図「図一六」や、周延の『秘画帖』（明治三〇年頃〈一八九七頃〉）の画図「図一七」や、作者不明の『好色画帖』（明治三〇年頃〈一八九七頃〉）の画図「図一八」などを取り上げるだけで事足りるであろう。どの画図においても「背景」が失われている。」

と絵師三名を増員して作品とともに記述し、第一次春画終焉仮説の検証標目を提示し、それぞれの典拠を付した小画像を示した。

（二）検証標目の内容確認

（1）富岡永洗作「八雲の契り」の図一三及び図一四の春画二枚

これは、国際日本文化研究センターが所蔵し艶本資料データベースで公開する大判組物の序文と春画一二枚の合計一三枚中の図一三及び図一四の春画二枚である（図一三・図一四は、画図の論文整理番号の表示である。以下同じ。）。富岡永洗は、挿絵画家として名声を博し育てた弟子が多いが、比較的若く

して病没した。鈴木論文は、検証標目に「八雲の契り」から二枚の春画を選定した。当初、富岡永洗作の図一三の背景表現のない春画一枚をもって検証標目を提示する予定にしていたが、学内における事前の口頭発表会において仮説検証の方法に対する批判を受けたため、図一四の春画一枚を追加することにした。この事情は、京都精華大学紀要第四五号掲載「制度としての美術と春画―明治春画・猥褻の発見・背景喪失」一四九頁「図三とその記述」及び一四一頁付記と鈴木論文二八一―二八二頁の「図一三・図一四とその記述」とを対照比較すれば推認できる。図一四の春画の画中には、背景表現である性交の拭い紙の「紙屑」（以下「紙屑」という。）が描かれている。図一四以外の計二枚の春画にも紙屑があり、この作品の紙屑が描かれた春画は合計三枚になる。春画の画中の紙屑は、ある時期から猥褻物事件捜査の対象と認識され、紙屑の存否をもって当該春画の作成時期を認定することができるのである。

（2）武内桂舟作「夜ざくら」の図一五の春画一枚

これは、鈴木論文に明記した典拠の番号から、立命館大学が同大学所蔵品と寄託品により構成している古典籍データベースで公開する桜図一枚と春画一二枚の合計一三枚中の春画一枚である。同データベースの書誌によると、その作者は富岡永洗であり、武内桂舟ではない。同一の春画の作者について、鈴木論文と立命館大学のデータベースが相違するので検討する。鈴木論文は、既に別の論文において、国際日本文化研究センターのデータベースが公開する富岡永洗作春画「夜ざくら」について、「作者は武内桂舟か」と富岡永洗とする作者同定に疑問を呈したことがある。今回と同じ問題であるが、その結末は不明である。そこで双方のデータベース及び画文堂発行の季刊浮世絵三四号（林美一寄稿文）・同六〇号（氏家冬深寄稿文）・同六六号（氏家冬深寄稿文）、画文堂刊「（浮世絵）明治の秘画」（昭和五二年二月一五日初版）、林美一著「江戸枕絵の謎」（河出書房新社昭和六三年）等の雑誌書籍並びに福田和彦編著「浮世絵名品聚芳九富岡永洗・八雲の契り」（東洋芸術院昭和六〇年）・「浮世絵名品聚芳一一武内桂舟・夜ざくら」（東洋芸術院昭和六〇年）の浮世絵春画集の資料を検討した。次第に、これは鈴木論文では結論を解明するに至らず、鈴木論文の研究者には調査に長時間を費やしても結論の得難い難問であると判ってきた。

（3）作者不明「水の出水」の図一六の春画一枚

これは、国際日本文化研究センターが所蔵し艶本資料データベースで公開する組物の全図説明図と春画一二枚の合計一三枚中の春画一枚である。同データベースの書誌及び春画表紙の記載によると、春画の作品名は「水の出花」であり、「水の出水」ではない。その刊行年は、単に「明治」であり「西暦一八六八ー一九一二」と書かれている。実際には刊行時期が定かでないが、書誌上では明治初年から最終年までの間の作品であるので、強引に明治期の春画として検証の標目に加えたものとみられる。作品の内容は、ごく低俗な春画である。

（4）周延作「秘画帖」の図一七の春画一枚

これは、季刊浮世絵八八号に収載された伝統的浮世絵師である楊洲（橋本）周延が明治三〇年頃刊行したとされる、序図・付文二種と春画九枚の合計一二枚の画帖中の春画一枚である。雑誌記事中に、明治三〇年頃刊行と推察される製本の下貼りがある旨の記載があるので、作品の体裁・内容は典型的な江戸春画であるものの、明治三〇年頃刊行春画として検証の標目に加えたとみられる。前記の両データベースにはその画像の公開がない。春画一枚に周延の隠し落款がある。

（5）作者不明「好色画帖」の図一八の春画一枚

これは、鈴木論文に明記した典拠の番号から、立命館大学が古典籍データベースで公開する合計一二枚の「好色画帖」中の春画一枚である。同データベースの書誌によると、その作者は富岡永洗（風）であり、作者不明ではない。同大学では、作者富岡永洗で管理している春画であり、その関係から作品成立年月日を一八九七（明治三〇）年刊としている。鈴木論文は、データベースの検索作業を通して明白に作者同定につき疑義があることを知悉しながら、富岡永洗以外の絵師である作者不明者一名として検証標目に加えたものとみられる。春画一枚に紙屑が描かれている。

2　検証標目に基づく実証的な仮説検証作業

（一）鈴木論文の記述

前記のとおり鈴木論文は、仮説の検証作業を行わないまま、「どの画図においても「背景」が失われている。」と記述した。

（二）仮説検証作業の点検

鈴木論文は実証的な仮説検証の作業を行っていないので、これを前記の検証標目の内容確認に基づき点検してみる。その結果は次のとおりである。

（1）富岡永洗作「八雲の契り」の春画二枚と同作品全部の検証点検

鈴木論文における背景表現の定義は、終章第三節「春画における「性交表現」と「背景表現」」にあり、これに従う。富岡永洗作「八雲の契り」の春画合計一三枚をデータベースにおいて拡大するなどして現品を手で広げて見るように精査し点検した。これらは、一個の作品としてその全部が背景表現を保持している。前記のとおり図一四の春画図中に背景表現の紙屑があり、そのほかに二枚の春画にも紙屑が描かれている。

（2）武内桂舟作「夜ざくら」の春画一枚と同作品全部の検証点検

作者武内桂舟の同定に疑義がある。鈴木論文の背景表現の定義に従いつつ「夜ざくら」の春画合計一三枚をデータベースにおいて拡大するなどして精査して点検してみると、これらは、作品全部が背景表現を保持している。

（3）作者不明「水の出花」の春画一枚と同作品全部の検証点検

前記のとおり作品名称の記載に誤りがあるとともに、春画作成時期が定かでない。鈴木論文の背景表現の定義に従いつつ「水の出花」の春画合計一三枚をデータベースにおいて拡大するなどして精査点検してみると、これらは、作品全部が背景表現を保持している。

（4）楊洲周延作「秘画帖」の春画一枚と同作品全部の検証点検

作品が典型的な江戸春画である。鈴木論文の背景表現の定義に従いつつ「秘画帖」の春画合計一二枚の雑誌掲載画帖全部を精査点検してみると、これらは、作品全部が背景表現を保持している。春画一枚に背景表現の周延の隠し落款がある。

（5）富岡永洗（風）作「好色画帖」の春画一枚と同作品全部の検証点検

作者は、富岡永洗（風）であるのに作者不明としてある。鈴木論文の背景表現の定義に従いつつ「好色画帖」の春画合計一二枚をデータベースにおいて拡大するなどして精査点検してみると、これらは、作品全部が背景表現を保持している。春画一枚に背景表現の紙屑が描いてある。

3　検証の成果

（一）鈴木論文の記述

鈴木学位論文が提唱する「明治期における背景表現の喪失による春画終焉」仮説の検証作業の推移を勘案し、検証の最初の段階を「第一次春画終焉仮説の検証」と呼称してその実証的な検証作業の成果を見守ったところであるが、鈴木論文は、仮説の検証作業を行わないまま、「どの画図においても「背景」が失われている。」と記述した。これは、全面的に仮説検証の成果が得られたとするものであると解される。

（二）検証の成果の判断

鈴木学位論文は、「どの画図においても「背景」が失われている。」と記述している。しかしながら、この記述は、前記の検証標目の内容確認及び仮説検証作業の点検において詳しく見てきたとおり、明らかに事実に背馳した虚構の研究結果の公表である。富岡永洗作「八雲の契り」図一三の「紙屑」の描かれた春画は、春画を熟知している人たちに自ら進んで春画の背景表現の存する春画を教示したものであり、武内桂舟作「夜ざくら」、作者不明の「水の出花」、楊洲周延作「秘画帖」及び富岡永洗（風）作「好色画帖」の春画と併せてすべての春画に背景表現喪失がないのに、これがあるように装い全面的に仮説検証の成果が得られたとした論文不正行為を認定できる。よって、不正の方法により虚構の研究結果を作成した論文不正に該当し、的確に問責される必要がある。

四　第二次春画終焉仮説の検証

1　検証標目の提示

（一）鈴木論文の記述

鈴木論文の記述は、論文二八二頁にあり、

「またこうした特徴を端的に表しているのが、明治の女流絵師・上村松園が描いた『肉筆春画帖』である［図一九］。この春画帖は一二枚の組物で構成されており、そのすべての画図が喜多川歌麿の春本『絵本小町引』（享和二年〈一八〇二〉）の図柄に倣って描かれている［図二〇］。

と記述し、明治の女流絵師・上村松園作肉筆春画帖を第二次春画終焉仮説の検証標目として提示し、

「ただし、そこには「性交表現」のみが引き写されており、「背景表現」はいっさい描かれていない。その絵はまるで喜多川歌麿の春画から「性交表現」だけを切り取ったかのように描かれており、歌麿の「背景表現」の描写はまったく無視されている。」

と肉筆春画帖には背景表現が描かれていないことを強調し、肉筆春画帖の画図［図一九］及び絵本小町引の画図［図二〇］を挙示してその典拠を付した小画像を示した。

（二）検証標目の内容確認

（1）明治の女流絵師・上村松園作「肉筆春画帖」の小町引写し一二枚組物の全部

鈴木論文が検証標目に提示する明治の女流絵師・上村松園作肉筆春画帖とは、昭和五六年一月五日発行の季刊浮世絵八四号「閨秀松園肉筆歌麿写し春画帖」の記事に収載されている春画帖総計一六枚の春画のうち、喜多川歌麿作「小町引」の模写画一二枚の春画帖である。雑誌記事では、画図のそれぞれに画図番号と画題が付されており、

「図一芸妓の口舌、図二傾城ちょんの間、図三肌着でつつむ、図四蛇の精、図五すっぽん新造、図六花ござ陶酔、図七髪すき鏡台、図八菊の籬の戯れ、図九紅梅屏風の内、図一〇角かくし絶倒、図一

一腹やぐら腰ふね、図一二すだれと団扇」

と、いうものである。鈴木論文は、肉筆春画帖について、「またこうした特徴を端的に表している」及び「十二枚の組物で構成されて」いると厳密に表現しつつ、画図として一二枚組物の最先頭の「図一芸妓の口舌」の春画一枚（画図の論文整理番号が図一九）を例示している。これを全体的に観察すると、肉筆春画帖一二枚組物の春画全部により検証作業を実施することを明示したものと解される。したがって、検証標目の内容は、図一芸妓の口舌から順を追って図一二すだれと団扇までの春画一二枚組物の全部を検証の対象画図とすることになる。

肉筆春画帖の模写原図は、喜多川歌麿作「小町引」であり、季刊浮世絵八四号の記事は、「小町引は本社新刊歌麿の歌まくら秘画帖より」と二二頁に記載している。そこで、新版「歌麿の歌まくら秘画帖〈カラー版〉」の「第三部小町びき」について、その画図番号と画題を確認すると、

「序図梅に鶯の娘、図一紅梅屏風の内、図二傾城ちょんの間、図三肌着でつつむ、図四腹やぐら腰ふね、図五角かくし絶倒、図六花ござ陶酔、図七すだれと団扇、図八蛇の精、図九すっぽん新造、図一〇菊の籬の戯れ、図一一芸者の口舌、図一二髪すき鏡台」

と、いうものである。これと季刊浮世絵八四号の記事による画図番号・画題とを対照比較すると、序図が加わっている上、画図の順番と画題でも不一致のあることが判明する。肉筆春画帖の小町引写し一二枚組物最先頭の「図一芸妓の口舌」が、「図一一芸者の口舌」になっている。これは、双方の底本にした春画帖が同一ではないことに由来することを示している。

そういう状況のところ、鈴木論文は、いわゆる「完全無削除出版」である学習研究社「浮世絵秘蔵名

品集小町びき」（平成四年刊）収録の喜多川歌麿「絵本小町引」を、肉筆春画帖の典拠として示した。「図一芸妓の口舌」（画図の論文整理番号が図一九）の春画の典拠として、歌麿「絵本小町引」の「第二図」を掲げ、この「第二図」に対して画図の論文整理番号を図二〇としたのである。昭和五六（一九八一）年発行の雑誌季刊浮世絵八四号に掲載された春画に対し、平成二四（二〇一二）年の論文作成時において、平成四（一九九二）年刊行の完全無削除出版の図録を、典拠として示す学問研究上の必要は、何であったのであろうか。もちろん、肉筆春画帖の作者同定の確認であろう。しかし、この大部の図録を単に典拠の記載に利用したのであれば、それは厳密に言えば、研究データの捏造・作出に該当するとされよう。

次に、極めて重要なことを指摘する。検証標目の内容については、鈴木論文の記述は、明治の女流絵師・上村松園作肉筆春画帖の小町引写し一二枚組物の全部と明記しているのであるが、その明記の基底には二種の検証されるべき重要な問題事項が存在するのである。すなわち、まず明治の女流絵師・上村松園なる人物の存在の有無の問題であり、次に肉筆春画帖の作成時期とその真贋の問題である。

（2）明治の女流絵師・上村松園なる人物の存在の有無の問題

この鈴木論文の記述における最大の問題は、わが国における明治の女流絵師・上村松園なる人物の存在の有無の問題である。これが不存在と確定すると、明治の女流絵師・上村松園作肉筆春画帖という名称を付与した春画が、偽物絵ではないかという疑問が生じる。偽物絵と決定されると、これは蜃気楼の如きものであり、どんなに立派な説明を試みても一瞬のうちにすべてが雲散霧消してしまう。鈴木論文は、その提示に係る明治の女流絵師・上村松園について、その人物が存在した事実を証明しなければならない。これを検証する責務は鈴木論文の執筆者にある。このことは、一般に認められる挙証責任の定則から明白である。

（3）肉筆春画帖の作成時期とその真贋の問題

鈴木論文の肉筆春画帖なる春画は、昭和五六（一九八一）年発行の季刊浮世絵八四号に掲載されたが、鈴木論文が明治の女流絵師・上村松園になぞらえたと推測される、実在の上村松園は、明治八（一八七五）年に出生し、大正年間を生存し、昭和二四（一九四九）年に死去した。「仮に」ではあるが、真作の可能性がある作成時期としては、明治八年から昭和二四年の間に限定されるので、それ以外の作成時期であればもちろん贋作となる。したがって、学術的観点から疑問の余地なく作成時期を確定することが極めて重要である。春画出版業界においては、昭和三二年最高裁判所（以下「最高裁」という。）の「チャタレー事件」判決を猥褻の基本的な定義に用いる判例として従ってきており、猥褻物取締りを受けることを回避するために性器や陰毛のカット等の部分修整（常用漢字表の用例では「修正」を使用するが、季刊浮世絵の使用例に従い「修整」を使用する。以下同じ。）を回避策として策定し、出版物に施すなどしていた。その後の昭和四八年、最高裁は、研究著述家林美一の著書「艶本研究國貞」被告事件に有罪判決を下した。これにより、一層、適切な回避策の必要性が浸透してきた。肉筆春画帖の作成時期の確定については、艶本研究國貞事件の最高裁有罪判決が示した猥褻事件の事実認定に従うことにより、的確に結果を得ることができる。

2　検証標目に基づく実証的な仮説検証作業

（一）鈴木論文の記述

鈴木論文は、検証標目に肉筆春画帖の組物一二枚全部を提示し、実証的な仮説検証作業に着手し、「もっともこの上村松園による『肉筆春画帖』は肉筆画であり、公への出版を目的としたものではない。そのため、松園自身が身体デッサンを試みるために私的に描いた粉本画帖である可能性は否定できない。とはいえ、江戸時代の画図（春本『絵本小町引』）と、明治時代の画図（上村松園の『肉筆春画帖』）を直接比較してみると、双方の「性交表現」の描写はまったく同じでも、その絵の印象は歴然と異なる。やはり江戸期と明治期では、春画表現の目的が違うと言わざるを得ない。それでは実際、それらの画図の違いから何が見えてくるのであろうか。双方の時代の画図を比較検討するなかで、明治時代の春画が失ったものを見ていくことにしよう。」

と肉筆画の語義につき意味不明な説明を加えた後、実証的な仮説検証作業に移り、

「まず喜多川歌麿の春本『絵本小町引』のなかには、若い男と振袖娘が部屋で逢瀬を楽しむ場面を描いた一画がある［図二一］。この春画には画面全体に男女の性交図が描かれている。そのためそちらに目を奪われがちであるが、この画の面白さは「背景表現」に描かれた「屏風絵―あるいは襖絵か―」に隠されている。その屏風絵には「菊の籬」が描かれているが、この点がこの画図にとって重要な意味を示している。というのも、この屏風絵は当時世相で流行していた「菊花の宴」の遊びを表現している。その遊びとは、毎年菊月と呼ばれる九月になると、各家々ではこぞって庭に菊の花を飾り、その花を目出ながら菊酒を酌み交わした。そのため、この季節になると市中の植木屋は菊造りに精を出し、その花の美しさを競ったりもした。この歌麿の画にはそうした世相で広く行われた「年中行事」の遊びを「趣向」として取り入れている。またそのことで、〈秋〉の画趣も表現しているのである。

またもうひとつ別の角度からこの画を捉えるならば、江戸時代において「菊」は別名「少女草」とも呼ばれていた。とくに俳諧などでは、「菊」を少女のイメージと重ねて用いた。この歌麿の画においても、屏風絵に描かれた「少女草」が恥ずかしそうに色事にのぞむ「振袖の娘」に見立てられているのである。」

と学習研究社図録の喜多川歌麿「絵本小町引」の「図第一〇図」（菊の籬図・論文整理番号が図二一）を採り上げて作業を行い、この図から背景表現である「菊花の宴」と「菊の別名少女草」を入手するという重要な検証結果を得たとし、

「さらにこの「菊花の宴」は多くの春画に〈趣向〉として用いられた。たとえば西川祐信の春本『翠簾の内』（享保四年〈一七一九〉）や川嶋信清の春本『好色三の里』（刊年不明）、礒田湖龍斎の春画『逸題組物』（安政ママ五年〈一七七六〉）［図二二］や鳥居清長の春画『時粧十二鑑』（天明五年〈一七八五〉）に、若い男女が菊の籬や花壇のまえで色事にいそしむ場面が描かれている。」

と多くの春画及び西川祐信・川嶋信清・礒田湖龍斎・鳥居清長ら四名の春画からも背景表現である「菊花の宴」を入手するという重要な検証結果を得たとした。礒田湖龍斎の春画（論文整理番号が図二二）の表示は、単に誠実に検証を行ったことの証明としたい趣旨であろう。それであるのに、一転、仮定の議論に転じ、

「もし仮に歌麿がこれらの春画に倣って先行画の図柄や趣向を自らの画に積極的に取り入れたとするならば、そこには「趣向の模倣化」の表現が隠されているといえよう。このように、喜多川歌麿の春画ではその「背景表現」からいくつかの表現を引き出すことができる。」

と記述する。もし仮に歌麿が、多くの春画及び祐信・信清・湖龍斎・清長四名の春画に倣って画作したとするならば、この歌麿春画の背景表現からいくつかの表現を引き出して入手することができるので、検証作業としては、これで十分であると強調し、

「ところが上村松園が歌麿画に倣って描いた春画には、まったく「背景表現」が描かれていない［図二三］。そのため、その画中から「菊花の宴」の趣向も、〈秋〉の画趣も、〈少女草〉としての見立ても、いっさい読み取ることができない。唯一その画中から読み取れるのは、歌麿の性交表現を写し取って描かれた男女の艶やかな姿態だけである。」

と上村松園が歌麿画に倣って描いた春画（論文整理番号が図二三）には全く背景表現が描かれていないと断定し、これにより「明治期における背景表現の喪失による春画終焉仮説」を検証し終えたとし、

「明治期に入り、春画から「背景表現」が失われたのは、春画における言文一致運動が成された所以である。このことは山田美妙が春画に序文を寄せたことが象徴している。また、「背景表現」の失われた春画が明治三十年代に続々と刊行されたのも偶然ではない。言文一致運動がほぼ完成をみるのが、明治三十五年頃である。」

と記述する。鈴木論文は、これをもって「明治期における背景表現の喪失」とは「春画における言文一致運動が成された所以である」と締め括ったのである。かくて、鈴木論文は、肉筆春画帖の春画一枚の検証をもって一二枚組物全部の検証に偽装したのである。

（二）仮説検証作業の点検

（1）明治の女流絵師・上村松園作「肉筆春画帖」の小町引写し一二枚組物の全部の検証点検

鈴木論文は、図一芸妓の口舌から順を追って図一二すだれと団扇までを検証対象とするとしたのに、直ちに実証的な仮説の検証作業に移ることなく、全部の検証をしなかった。加えて全部の画図において、鈴木論文がその作者として指摘した明治の女流絵師・上村松園なる人物の存在の有無の問題及び肉筆春画帖の作成時期とその真贋の問題については、検証作業において言及するところがなかった。

（2）肉筆春画帖の春画一枚をもって春画帖の春画全部を検証した如く偽装した検証点検

その後において、鈴木論文は、検証作業に着手し喜多川歌麿作春画「絵本小町引」の「図第一〇図」（菊の籬図・論文整理番号が図二一）を採り上げ、この若い男と振袖娘の性交図には、「菊花の宴の遊び」と「菊の別名少女草」に由来する背景表現を読み取ることができるとし、重要な検証結果を得たように記述した。また「菊花の宴」は多くの春画に趣向として用いられているとし、ほかに西川祐信「翠簾の内」、川嶋信清「好色三の里」、礒田湖龍斎「逸題組物」及び鳥居清長「時粧十二鑑」の四名の春画には、若い男女が菊の籬や花壇の前で色事にいそしむ場面が描かれているが、このように広く春画作品に検証作業を進めたことにより、この「菊花の宴」の背景表現を入手するという重要な検証結果を得たように記述した。

ここまでの検証作業において、歌麿「絵本小町引」から模写原図の第一〇図（菊の籬図・論文整理番号が図二一）の背景表現を入手し、これと対照して判断するために肉筆春画帖「図八菊の籬の戯れ」の春画一枚（論文整理番号が図二三）の検証に着手したことが判る。鈴木論文は、検証標目において「図一芸妓の口舌」から「図一二すだれと団扇」までの春画一二枚組物の全部を検証の対象とすることを提示していたので、やっとこれから「図八菊の籬の戯れ」の春画一枚に続けて「図一芸妓の口舌」を採り上げ、次に「図二傾城ちょんの間」へと残り一一枚の春画の検証に向けて順次それらの検証に着手・進行すると予想させる状況であった。

そんな状況の下で、鈴木論文は、一転、

「もし仮に歌麿がこれらの春画に倣って先行画の図柄や趣向を自らの画に積極的に取り入れたとするならば、そこには「趣向の模倣化」の表現が隠されているといえよう。このように、喜多川歌麿の春画ではその「背景表現」からいくつかの表現を引き出すことができる。」

と仮定の議論に転じた。

この記述は、「もし仮に歌麿が」と過去の人の行動に関する仮定の文章であって奇妙な文章であるが、その文意を辿ってみると、「喜多川歌麿の春画の背景表現は調査できていないが、これから調べてみれば判る」との趣旨だと推測される。鈴木論文の第一章には「図像の数量分析からみる春画表現の多様性と特色」なる研究結果がある。その春画作品統計データベースを作動して歌麿の春画作品から背景表現を検索してみれば、たちまち歌麿作「絵本小町引」の背景表現を入手できるはずであるのに、どうしたことであろうかと、調査してみた。鈴木論文五七ー六〇頁記載の「図像分析対象資料一覧表」を点検すると、これに歌麿作「絵本小町引」のほか著名な歌麿の春画が掲載されていない。国際日本文化研究センターの春画・艶本データベースと立命館大学古典籍データベースについて歌麿作「絵本小町引」の収集とデータ化の状況をみると、両データベース共に作品の収集がなく、データ化が欠如している。つまり、鈴木データベースは、歌麿春画の背景表現を検索して出力することができない欠陥のあるデータベースだと判った。その上、仮定の議論にある作業を現実に実施するには、巨額の国費を要する。「顔認証」が市民生活で普通に使用される時代に、欠陥データベースを市販の計算ソフトと手作業で運用できるものではなく、新規のシステムを構築する必要があるからである。したがって、この仮定の文章の真意は、実証的な仮説検証作業はここまでの作業をもって終了とする旨の終了宣言である。残り一一枚の春画の検証は実施できないし、その意思もないのである。

それであるのに、鈴木論文は、上村松園の歌麿春画に倣って描いた春画（論文整理番号が図二三）には全く背景表現が描かれていないと断定し、これにより、明治期における背景表現の喪失による春画終焉仮説の実証的な検証を終了したとする。「明治期に入り、春画から「背景表現」が失われたのは、春画における言文一致運動が成された所以である。」と記述して検証標目に基づく実証的な仮説検証作業を終了したのである。これが、鈴木論文が肉筆春画帖の春画一枚の検証をもって一二枚組物全部の検証を偽装した仕組みである。

これまで検証作業の点検を実施してみると、鈴木論文は、肉筆春画帖の実体を知悉しているのに、知らぬ振りをして論文の結論へと急ぎ、実体を不知の論文読者を欺瞞するかのようである。そこで、以下詳細に、肉筆春画帖の実体と関係事項を明らかにすることにする。

3　肉筆春画帖の実体と画中の紙屑の修整が明らかにした贋作実行

（一）昭和五六年季刊浮世絵八四号「閨秀松園肉筆歌麿写し春画帖」記事の分析

（1）記事の概略

記事の「閨秀松園肉筆歌麿写し春画帖」は、画文堂が昭和五六年一月発行した季刊浮世絵八四号の八一―二五頁に掲載されている、カラー鑑賞という春画をカラーで楽しむ記事である。記事解説は東大路鐸こと社長鈴木実が行っている。その八ー一〇頁には上村松園の造形と筆致の解説がある。その一一ー二五頁が肉筆春画帖総計一六図の解説である。一一頁の上部には大きく「上村松園〈肉筆〉歌磨写し春画帖」とあり、下部に小さく「絹本・天地二七・二×左右三六糎」と絵材と大きさが示されており、二二頁までが「小町引」写し計一二図とその解説である。各頁には肉筆春画帖の画図と模写原図の縮小した絵が示してあり、小型の解説文が全部の画図に付されている。最終の図一二の解説文には、「小町引は本社新刊「歌麿の歌まくら秘画帖より」と書いてあり、新刊「歌麿の歌まくら秘画帖」を参照されたいとの趣旨が記載されている。そして、二三ー二五頁に新作秘戯画計四図の解説があり、最終の二五頁に箱書の写真がある。

(2) 上村松園の造形と筆致

記事の冒頭に、上村松園の画業における造形と筆致の解説がある。「歌麿写し〈肉筆〉春画帖のための参考図」という副題を掲げ、「上村松園の造形と筆致・名品抄」の題目で東大路鐸による細帯状の解説文が三頁にわたって書かれている。明治八年出生、年齢一二歳京都府画学校入学、昭和二三年文化勲章受賞、翌二四年七四歳で死去までの上村松園の画業を作品の写真一六葉と文章により解説している。作品の写真は、どれも勝手自在にカットしてあり、絶筆「初夏の夕」では、蛍を見やる団扇の女性に初夏の風を運んできたその蛍が切り捨てられてただの女性の半身像に変化している。写真で大きいものは、昭和一四年の作品「風」であり、他の小写真の三倍位もある。この絵には、松園の子息で文化勲章受章者の上村松篁が大好きであったとする孫の日本画家上村淳之の回想がある（東京・京都国立近代美術館「上村松園展二〇一〇年図録」一九〇頁）。ところが、これの東大路解説を見ると、「浮世絵あぶな絵ふう」とあり、松園の画業を総じて浮世絵春画と見ての解説である。

文字だけの解説文でも、「二十三歳（明治三一年）の若さで「浴後美人」と題する裸体画を描いた。特に裸の絵は線と面による表現である。」と煽情的な解説をしている。しかし、上村松園の右図録にも収録されている「浴後美人」は明治三三（一九〇〇）年二五歳頃作の鏡に向かう爽やかな浴後の美人画であり、同年には「粧」という佳品もある。

こんな具合に、普通に見掛ける松園画譜の解説とは大違いであり、解説文は、どんどんと春画の方向に筆が動いて行ってしまう。その結果、「かつて松園が歌麿の名作秘画帖小町引をみて感動し、みずからの彩筆によって模写した春画があったとしても不思議ではない。四畳半の戯れ文を書いた永井荷風も、又この春画帖を描いた上村松園も、共に文化勲章を授かったというのも、しんの強い真の芸術家としての共通点といえよう。」と肉筆春画帖への感嘆の声を上げるのである。また、上村松園作の春画が世に出回った事実がないのに、外国人研究者の著作に仕掛絵春画の記述があることに絡めて、その仕掛絵春画が「なにを隠そうこの上村松園女史の画作であったと、かねてきいている。」と書いている。「かねてきいている」とは、実物の春画については見聞していないと自認していることになる。

そんな風に文化勲章級の春画を期待したかのような解説の締め括りとして、上村松園の春画と称する絵の鑑定の要点を解説している。それは、「松園えがく美人たちが着ている、殆ど無地いろの若草や淡い青の衣装のきわ立った特徴をも含めて、色彩・構図・描線とも、松園画風の清々しく伸びやかな美の世界が再構築されている。いまは、おおらかに、おぼれようではないか。」というものである。これでは、画学生の習作絵がたちまち上村松園の作品に化けてしまうであろう。

（3）肉筆春画帖総計一六枚の内容

東大路解説は、肉筆春画帖について、

「歌麿写しの一二図に更に四図の新作を《これも図形を浮世絵に求めれば探し当てることが出来ようが、松園の新作秘戯画としておこう》ともかく計一六図・一帖とした画帖を、ここに一挙にオールカラーで紹介することになった。」

と肉筆春画帖総計一六枚の内訳と内容の説明をする。この文章は、「松園の歌麿写し一二図の絵があり、松園の新作（秘戯画）四図の絵があり、それが計一六図で一帖の画帖とする」という説明であるが、画帖の形態等には触れていない概略説明に過ぎない。

そこで、東大路解説に従い、肉筆春画帖総計一六枚について、論理的かつ時間的に成立可能である作成時期を検討する。松園の没後既に多年が経過した。肉筆春画帖総計一六枚が上村松園の絵であるとしたときは、肉筆画であり既に退色したことであろう。そのうち四枚は新作と表示されている。以上の条件を組み入れてみると、

「松園以外の者が、ある時期から新作と呼び得る最近の時期までの間に、「小町引」写し一二図と新作秘戯画四図をもってこの画帖一六図を作成・完成した」

と理解するほかないことになる。したがって、東大路解説によれば、肉筆春画帖総計一六図は最近の時期において出来上がったとすることになる。当然のことながら贋作であることを前提にしていることになる。

次に、歌麿「小町引」写し計一二図について検討する。鈴木論文は、一六枚の春画のうち「小町引」

の図柄に倣って描かれている一二枚の組物だけを「肉筆春画帖」と呼称しており、松園作とされる新作秘戯画四図の存在には関心がない。肉筆春画帖の歌麿「小町引」写し計一二図には、全画図に性器等の部分修整が施されている。そのほか、「図六花ござ陶酔」には「紙屑」の修整が施され、「図七髪すき鏡台」には「腰巻」が加筆されている。

また、新作秘戯画計四図については、記事の二三頁に「松園の肉筆＊浮世絵秘画・新作四図」との見出しがあり、その頁から二五頁までカラー絵で三頁にわたり収載されている。四種の図にはそれぞれ画題がある。それが誰の付与したものかは不明であるが、図A閨床の一服（部分）は二三頁に、図B春本夢物語は二四頁の上部に、図C酔余の果て（部分）は二四頁の下部に、図D夕風の戯れは二五頁にと各掲載されている。

（4）春画帖の箱書

季刊浮世絵八四号の二五頁に木箱を撮影した小型の写真が一枚掲げてある。まず、印刷の説明文が目に入る。印刷文字で横書きにして、「上村松園〈肉筆〉」、「歌麿写し春画帖」、「十六図箱書」とある。写真は、縦長の木箱の写真で、大字で「上村松園」と、やや小さく「画帖」が一行に、その左側に小字で「十六図」と各墨書してある。野間清六ら著「美術鑑定事典」（東京堂昭和三八年）二三頁の解説によると、箱書については、

「鑑定の結論を箱の蓋裏や蓋面に記入することを箱書というが、江戸時代末期から行われだしたことで、古くからの記載方法ではなかった。作品の筆者自身が箱に自己の制作であることを書記した箱と作品がそろっている場合に、これを共箱というが、やはり江戸時代末期からの現象であって、そ

れ以前にはないことであった。これを逆に言えば、それだけ偽物が横行するようになったから、念には念を入れて作者の箱書までも要求されるようになったわけである。」

と、いう内容である。写真からは、この形状は、肉筆画の一枚ずつの絵一六枚を入れてあるものかと推測されるが、共箱ではないし、「上村松園」との墨書が作者本人の筆跡とは見えず、いかにも素人だましの箱書に見える。この箱書をもって肉筆春画帖が上村松園の作品であることを証明することはできない。東大路解説には、この写真を対象にした解説はない。

（二）肉筆春画帖が市販されていた状況

（1）画文堂の会社整理と肉筆春画帖の行方

画文堂は、会社案内の書面に、「社長鈴木実は、文芸評論・明治文化研究家木村毅経営の読書展望社・文章倶楽部社その他に勤務し、昭和二八年緑園書房を創立した。以後は書籍刊行のほか、昭和三七年創刊した季刊浮世絵の出版に従事したが経営不振に陥り、昭和四一年画文堂と改称し再出発した」とある。以後は、浮世絵春画出版業を営んでいたが、昭和五四年一二月に陶芸雑誌の季刊「陶芸四季」を創刊したため、会社の資金繰りに困窮するようになり、「陶芸四季」の発行日を遅延して定期購読者から文句が来るようになった。昭和五六年一月季刊浮世絵八四号に「閨秀松園肉筆歌磨写し春画帖」の記事を掲載したが、その頃は会社経営の危機が迫ってきた時期であった。昭和五八年春には季刊浮世絵の雑誌としての品格を高めていた外国人研究者が、寄稿を廃絶して画文堂の内情を公開した挨拶状（リチャード・レイン「浮世絵研究の国内発表中止についてお知らせとお詫び」）を配布したことがあった。そして、昭和六〇（一九八五）年三月一日発行の季刊浮世絵第一〇〇号をもって終刊とした。陶芸四季も一四号まで刊行したが刊行停止とした。これをもって画文堂は、会社整理をしたものとみられる。季刊浮世絵には複製木版画等の自社の大広告を出していたが、複製木版画等の大量在庫品の整理状況等は不明である。そして、季刊浮世絵八四号の記事に収載した肉筆春画帖総計一六図の行方も不明である。

（2）昭和六〇年から翌六一年にかけて肉筆春画帖が市販された状況

昭和六〇年から翌六一年にかけて肉筆春画帖が日本国内において市販されていた。その状況については、三種類の販売者による販売状況が認定できる。

第一の販売者は、日本芸術出版社である。昭和六〇年一二月一五日、春画印刷物出版業株式会社日本芸術出版社は、同社アートマンクラブから春画帖「秘蔵画帳（一）上村松園春色十六景」を販売するとの案内を行った。販売案内書によると、同春画帖は、「一六景の戯画を並べてみますと、二景をのぞいた一四景の作品には、女性らしい緻密な美しさでの交合の姿が大胆に描かれております。」と説明がある。その除いた二景は「図三肌着でつつむ」と「図七髪すき鏡台」の春画二枚であるが、いずれも性器の直接描写が目に入らない絵である。上村松園作春画という響きが醸し出す魔力を計算した「特にその二景をご覧ください」という巧みな宣伝文である。画文堂から総計一六図の肉筆春画帖が、日本芸術出版社へ到着した経路は不明である。その売出しは、昭和六一年一月六日で予約受付を締切とし、二月一〇日から発送を開始するとしていた。販売先は、ＶＩＰ会員と顧客会員のみに限り、販売数は不明であるが、日本芸術出版社の販売実績では三百部限定版が多いので三〇〇部とみておけばよいであろう。価格は、一六枚揃組・会員限定版が金三万円である。春画帖現品は、肉筆春画帖総計一六図とその図柄・内容が同一であるが、中に入っている一枚紙の解説文は、季刊浮世絵の東大路解説とは別内容の解説である。これに「此の絵柄をご覧になれば、喜多川歌麿の「小松引き」（小社刊「浮世絵第五巻―歌麿の世界・名作五〇選」）を彷彿されることと想いますが、筆致は鏑木清方や伊東深水のような歌川派の影響がみられます。」と自社の「浮世絵春画集」の宣伝をしている。この「歌麿名作五〇選」を検討すると、これは日本国内出版の著作権マーク一九八五年のものであるが、「完全無削除出版」の春画収録の春画集で日本国内への持込み禁止と注意書きが印刷されている。春画研究家福田和彦の解説であり、収載作品は歌麿春画印刷物総計五〇枚とあるのに、歌麿の作品が「ねがいの糸口二枚・小松引き七枚・逸題断簡二九枚」で残りは別人の作品という代物である。浮世絵書誌学では小町引の題簽に争いがあり、外題を「小町引」ではなく「小松引」とする少数の研究家があるが、右解説者はその小松引派である。日本芸術出版社は、この研究家とは多数の春画出版取引上の昵懇な営業関係にある。

第二の販売者は、東洋芸術院である。かねて春画印刷物出版業の東洋芸術院から「浮世絵名品聚芳」シリーズとして布張り美麗本の春画集が刊行されていたが、喜多川歌麿作「小町引」の模写画一二図の肉筆春画帖を同シリーズ一四冊目の「浮世絵名品聚芳一四上村松園こまち引一二枚組」と名付け、昭和六〇年に刊行された。市販の時期は、現品に入っていた表紙・裏表紙共で四枚の解説書に「一九八五の著作権マーク」があり、それから昭和六〇年の著作物と判明する。月日の詳細は不明である。この春画帖現品を確認すると、季刊浮世絵に収載の歌麿「小町引」写し一二図の図柄・内容と同一品である。その解説書は解説者氏名を欠くが、解説内容から春画研究家福田和彦の解説と判る。解説文は季刊浮世絵八四号の東大路解説と酷似の個所がある。解説書の末尾に「歌麿写し春画帖・一六図」との追加記載があり、これに四図の画題・図柄とその紹介があって「いつの日にかの復元を望んで」と印刷してある。

販売先は、登録会員のみに限るとしており、販売数は、三〇〇部限定版と記載してあり、価格は不明である。「完全無削除出版」であるが、日本国内への持込み禁止との注意書きの印刷はない。

第三の販売者は、浮世絵研究会である。かねて春画印刷物出版業の浮世絵研究会から「浮世絵春画名品集」シリーズが刊行されていたが、喜多川歌麿作「小町引」の模写画一二図の肉筆春画帖が同シリーズ四冊目の「浮世絵春画名品集四上村松園小町引一二枚組」として刊行された。刊行時期は、それを証するものがなく不明であるが、解説書が第二販売者東洋芸術院のものとほぼ同じであるので、昭和六〇年に刊行され、市販されたものと推認される。この春画帖現品を確認すると、東洋芸術院の現物と図柄・内容とも同一である。解説者は春画研究家福田和彦であり、解説書もほぼ同一である。解説書末尾の「歌麿写し春画帖・一六図」との追加記載も同一である。販売先は登録会員のみに限るとしており、販売数は三〇〇部限定版と記載してある。価格は不明である。「完全無削除出版」であるが、日本国内への持込み禁止との注意書きの印刷はない。

（3）日本国内外における上村松園作と称する春画の諸問題

まず、日本国内における上村松園作春画の問題を検討する。上村松園作の春画というものが日本国内において話題になるのは、昭和五七年一一月朝日新聞社から小説家宮尾登美子の「序の舞」上下巻が刊行されてからのことである。「序の舞」下巻冒頭の「男児誕生」に、「津也が、山勘の店へ三日間通って描いた枕絵を五円札にかえた」と、津也こと上村松園が春画を描いて五円を得た場面があり、「序の舞」が翌五八年に吉川英治文学賞を受賞したことが話題を広げた。しかし、この場面は小説の一話に過ぎない。その五円札が上村松園の子息で文化勲章受章者上村松篁の堕ろし薬代になるという筋立てが絵空事であることは誰にも分かるが、新進女流作家の筆が冴えて平成二一年には宮尾登美子が文化勲章に次ぐ栄誉の文化功労者に選ばれたことも重なり、上村松園作春画は世人の話題に事欠かなかった。

上村松園作春画が単なる小説の産物であることについては、上村松篁の言葉で厳しく述べられているので、確認しておくことにする。村田真知編「青帛の仙女・上村松園」（同朋舎出版一九九六年監修松柏美術館・二二一－二二二頁）の「二階の父」に、

「ある女流作家が、松園をモデルに小説を書くと言って話をききにきたことがあって、私も一生懸命いろいろなことを話してあげました。ところが作家ははじめからこう書こうという線をきめていたんです。結局、その作家自身の生き方に添った内容の小説になってしまったのでしょうが、絵も画家自身の生きざまの表現であることをご存じないのでしょう。絵を見る眼を持ち合わせておられませんでしたね。あまり事実と違うので、怒りました。けれど、さわげばかえってお母さんが傷つくと思ってあきらめました。まことに迷惑で腹がたち、今でも忸怩たる思いがします。父が鈴木松年であることを、私はよく知っています。」

と血を吐く思いを込めて書かれているのである。

三種類の販売者による肉筆春画帖が市販されたのは、ちょうど上村松園作春画への関心が高まってきた時期である。国内における市販の状況は、販売数が総数九〇〇冊とみると販売価格は仮に一冊一万円として販売総額九〇〇万円となるが、多分、これを上回る冊数・金額の人気商品であったと推測される。そして、三種類の販売者の販売品の中から、複数冊のものが海外へ流れたのではないかと懸念される。日本国内でこれだけの話題を集めた春画であるから、外国人も関心を持ったろうと想定されるからであ

る。現在までのところ、肉筆春画帖が具体的に外国美術館等に収蔵されたとの美術品情報はない。しかし、最近になって、国内で刊行・販売された日本語・外国語による春画文献や図録に、それまでにはなかったのに、俄に上村松園作春画の存在を示唆する記述が現出した。

次に、日本国外における上村松園作春画の問題を検討する。これは、有光書房社長坂本篤が「たとえば、松園女史のものがデンマークで出ている春画集にのっているんです。」と評論家竹中労との対談で述べた問題である。梶山季之責任編集月刊「噂」昭和四七（一九七二）年一一月号（第二巻第一一号）の五一ー五二頁に掲載の有光書房社長坂本篤から評論家竹中労が「艶本五十年の出版秘話」を聴くという形式の対談にこの問題が登場した。

鏑木清方の春画を持ち込んできた人の話があり、

「竹中　清方だといって持ってきた人は、かなりの値段いってきたんでしょうな。

坂本　ア、とんでもない値だ。ハッキリ覚えていないが随分の値だった。

竹中　いつ頃の話です？

坂本　十年ちょっと前ですか。清方のものじゃないとわかったら、だれが数十万も出しますか。だけど、それをぼくは知らないで買って外国の雑誌なんかに出してごらんなさいよ。たとえば、松園女史のものがデンマークで出ている春画集にのっているんです。これなんかまったく似て非なるものですよ。そういう誤りを海外にまでさらしたくないですからね。」

と贋作春画を買って外国の雑誌に出すような、「誤りを海外にまでさらしたくないですからね」と上村松園作春画の贋作が外国の出版物に掲載されていることを嘆き、「これなんかまったく似て非なるものですよ。」と断じている。

この春画を、「十年ちょっと前・松園女史のもの・デンマークで出」たと探索してみると、一九六八年度と翌一九六九年度開催の第一回・第二回国際エロティックアート展の関係春画のようである。普通の日本人であれば、坂本社長の言うとおり、「誤りを海外にまでさらしたくない」と思うであろう。

（三）画文堂における猥褻物取締り回避のための修整

（1）画文堂における猥褻物発売禁止処分歴と猥褻物取締り回避策

昭和六〇年一月季刊浮世絵終刊一〇〇号の最終記事に「終刊の終わりに」と題して、画文堂の経営履歴が書かれている。その中に緑園書房・画文堂と季刊浮世絵の猥褻物発売禁止処分歴があり、次のとおり猥褻物取締りの法執行の実態を、

「浮世絵の秘画集単行本によって二度、雑誌では第三五―四一号まで一括と『浮世絵』誌史の前半において計三回の発禁処分をうけました。性交を暗示する姿態、太腿の線描が艶、顔面大写し原寸大の表情が淫ら、上半身図のそばに全構図の穴アキ参考豆図版は連想を招くという、それぞれの理由ある時代でした。全国の書店の店頭で係官が没収、本社内在庫品と資料版材の押収、始末書、ついでに企画中の、編集デスク上の豊国・国貞・英泉の秘版フィルム紙焼きカラーポジに広告版下まで、所有権の放棄書〈これは任意提出書と殆ど同意語の〉を書かせられれば、当然その画集は未刊のままです。そして今はいつのまにかワン・ポイント修正時代になりました。」

と活写している。

発売禁止処分歴中の「浮世絵の秘画集単行本によって二度」の記載の中には、緑園書房時代の吉田暎

二著「浮世絵秘画」刊行に関するものがあるようである。「浮世絵秘画」は、春画を「秘画」と呼称する歪んだ時代を先駆けた春画単行本である。昭和三六年一二月初版発行し、好調な売れ行きで翌三七年二月増刷のため相当量の大胆な自主修整を施して再版した。これが直ぐ発禁処分を受けてしまい、絶版にして翌々三八年二月新版を発行した。その後の昭和四二年新訂版を発行したという経過がある。新訂版に挟み込みの「刊行者（画文堂）のことば」に、「再版が当局より発売禁止の令を受けるに至りました。残念ながら致し方ありません。しかしいまふりかえって見ると、あの本の発禁は、当然であったようにおもえます。」

と振り返っている。発禁処分歴中の「雑誌では第三五～四一号まで一括と「浮世絵」誌史の前半において計三回」と記載があるものは、外国人研究家が季刊浮世絵に掲載した膨大な量の記事関係であると思われる。

発禁処分歴に続けて、処分内容と処分理由や猥褻物取締り回避のための修整についても述べており、猥褻物取締りの要点を語っている。最後の「そして今はいつのまにかワン・ポイント修正時代になりました。」という締め括りは、昭和六〇（一九八五）年代という猥褻物修整の最終年代における取締り回避について、一見すれば微細な猥褻の表現であっても、細心の回避策こそが重要であると纏めている。肉筆春画帖の紙屑の修整は、猥褻物取締り回避の細心の対応策であったのであろう。

（2）季刊浮世絵八四号読者通信「秘画修整の内証史Q＆A」の回答と春画の贋作

画文堂における猥褻物の修整の変遷については、季刊浮世絵八四号の最後の頁にある読者からの照会への回答にも記載されている。この号の冒頭にある肉筆春画帖の記事と最後の猥褻物の修整が対応しているわけで、同じ号の雑誌の前と後に掲載されていることに編集上の繋がりが判る。読者通信欄へ寄せられた大阪市佐々木氏の春画修整に関する質問に対する回答であるが、編集部から詳細な回答（一三三ー一三四頁）があり、それは前記の季刊浮世絵終刊一〇〇号の最終記事と重複するので、次の二点だけをみておくことにする。

まず第一は、昭和五五年一一月二日の新聞各紙が「税関当局の輸入図書等に対する猥褻の判断基準が一部緩和されたことが一日明らかになった」とこぞって報じた記事がある。警察においては、警視庁保安部長が「いずれにしろ刑法の猥褻基準にふれる問題ではない。ポルノ取締りは従来通りの方針でのぞむ」と話している記事があって、果たせるかな一一月一三日には東京神田のポルノ書店の大がかりな摘発があり、新聞テレビの話題になったようである。これについて、編集部では、

「法の許すと思われる限界を聡明に見極めながら前進を時に後退を重ねながら、雑誌浮世絵を継続刊行していきたいと願っています。」

と対応策を示していた。

次に第二は、春画の偽物についての興味深い文章がある。それは回答最後の一三四頁の末段にあり、春画の偽物に関する見解の披瀝であるが、

「だから、次のような、浮世絵自身を、おとしいれる仕事は、したくないとおもっています。最近の大新聞に宣伝しているノーベル書房の『日本枕絵大観』は「名品百点を選んで」とあるが名品ではなく、春画を画学生が筆で模写した偽物の印刷物で、全く浮世絵ではない。局部はフンドシや腰巻を加筆して、解説は皆無。」

と明快に書いている。

出版社である画文堂が、堂々と、「春画を画学生が筆で模写した偽物」と記述する偽物とは、どのような絵をいうのかと興味深く思われた。ノーベル書房発行の当該書籍を検討する。書籍は、昭和五五年一一月五日ノーベル書房発行の「日本枕絵大観わじるし」で定価三万円とあり、装幀が特別に立派な美術書である。一頁に春画が一枚宛印刷してある。目次・作品解説がないので数えると、百枚の春画集である。掲載の絵は、多数人が手分けして描いた作品のようでもあるし、一人が全部描いた絵のようでもある。絵には、すべて性器陰毛の猥褻物の修整が施してある。紙屑の有無を点検すると、百枚中六枚の絵に紙屑が描いてあり、うち一枚は清拭場面の絵である。この一冊で百枚ある肉筆贋作春画を描くのには、どれ位の日数を要するのかと興味が湧いた。

肉筆浮世絵の贋作で最も著名な事件は、昭和九年発覚した「春峯庵事件」である。「新聞集成昭和編年史・昭和九年度版」と白崎秀雄著「真贋」（講談社昭和四三年発行）を検討する。昭和九年五月二三日の読売新聞記事には、警視庁の一斉検挙で下谷区西黒門町二一浮世絵商金子清次（当時三五歳）らが共犯者の被疑者として報道されており、裁判の結果は、金子清次が懲役刑に処せられて服役した。金子清次は、事件前から金子孚水と称していた。昭和三七年五月緑園書房が季刊浮世絵を創刊した際、吉田暎二と共に「浮世絵保護研究会」と称して編集を担当し、発行人鈴木実と協力した人物である。季刊浮世絵の創刊号に金子孚水の「浮世絵斬捨て御免・真ん物と偽せ物」が掲載されている。これに、「かつて浮世絵界の偽作事件として世の注目を浴びた「春峯庵事件」に最も関係の深かった私は、この事件の真相を、最もよく知っている人間である。」と自己紹介している。以後は、北斎の肉筆画の贋物から筆を進め、画文堂時代も健筆を振るった。しかし、この春峯庵事件の贋物製作は、何分にも規模が大き過ぎるので小規模な贋作を探索した。

東京国立博物館絵画室長を勤めた近藤市太郎著「女の表情」（鱒書房昭和三一年）から歌麿作「歌まくら」の贋作日数を検討する。同書の「けむの話・歌枕」（一九六―二〇四頁）に、著者が若い研究員時代に美術学校を卒業したばかりの友人の画家に依頼し、歌麿作「歌まくら」一二枚組物の真物絵を三部模写をしてもらったと書いている。その時は三部の模写に画家が睡眠時間を切り詰めて五日間を要したとある。このような名品であるからもう一部白描画が必要になるので、合計四部の作成をしたようである。著者は、現在では邪道とされる立場であろうが、この模写で新婚旅行の費用が賄える位の利得があったそうである。この模写を贋作と読み換えれば贋作日数になるが、ざっと一日に一〇枚位の贋作ができた計算になる。そこで肉筆春画帖の贋作であるが、肉筆春画帖の贋作なら、画学生一人が一日か二日で作成できると見当がついた。

（3）チャタレー事件から艶本研究國貞事件までの修整

チャタレー事件と艶本研究國貞事件は、春画出版における猥褻の意味及び猥褻物取締り回避策としての修整において、二大基本判例として重要である。春画出版業界においては、チャタレー事件判例は知り尽くされているのに対し、艶本研究國貞事件の方はやや実務的な活用の面で浸透が十分とはいえないようである。そこで、春画出版において馴染みの深い「伏字」を媒介にして両判例を検討する。

その一は、チャタレー事件である。

わが国の出版業界においては、昭和二五年英国の小説家の小説を邦訳出版したことにより、邦訳者と出版社社長が猥褻文書頒布罪に問われ、その後の昭和三二年三月一三日最高裁大法廷の判決で有罪が確定したチャタレー事件判例が猥褻についての基本判例になっている。判例集の裁判要旨によると、

「一、わいせつとは徒らに性欲を興奮又は刺戟せしめ、且つ普通人の正常な性的羞恥心を害し、善良な性的道義観念に反するものをいう。

二、芸術作品であっても、それだけでわいせつ性を否定することはできない。」

と、いう判示である。春画出版では、この判例以後において、この判例を基準にして猥褻物取締りを受けることを回避するために、画図の男女性器のカット、台詞・書入れの伏字等の修整を講ずることにより法律を遵守してきた。

猥褻裁判では非常に有名なチャタレー事件の判決後に、春画出版ではごく普通のことである伏字が問題になったことがある。最高裁有罪判決後である昭和三九年に処罰された邦訳者が、猥褻と判示された部分を書籍から削り、そこを伏字「＊（アステリスク）」で埋め、削除版として出版した。平成八年に邦訳者の子息が、その伏字を原版へ復旧する完全訳への改訂を計画した。しかし、子息は有罪とした最高裁に対する正面からの挑戦となることをおそれて調査するうちに、最高裁判決の一四年後に別の出版社が完全訳で出版したことが判り、ようやく子息も改訂版を出版できたという興味深い最高裁判決後における出版経緯（伊藤整訳・伊藤礼補訳『完訳チャタレイ夫人の恋人』・平成八年新潮文庫五六七頁）があった。このように、伏字を使用することは、その立場・方法が異なっても様々に利用されていたのである。

その二は、艶本研究國貞事件である。

春画出版において、この伏字使用に絡む猥褻事件がある。研究著述家林美一の著書「艶本研究國貞」の刑事被告事件である。同事件の概要については、林美一ら著「國貞裁判・始末」（三一書房一九七九年発行五一－三九頁）を参照する。研究著述家林美一が東京都内の出版社有光書房から昭和三五年一〇月書籍「艶本研究國貞」を刊行した。書籍は、洋装の並製本と和装の特製本があり、並製本は書店で一般販売され、特製本は蝶つがいの箱入れで別冊「参考資料」が付属しており限定販売された。特製本付属の別冊「参考資料」に対して、翌三六年に猥褻事件として捜査が開始された。この別冊「参考資料」は猥褻物捜査の回避策として調製したもので、並製本・特製本の本文では伏字になっている個所を取り纏めた冊子である。起訴状の文章によると、「艶本研究國貞は性的描写の記述部分が伏字となっているところから、この伏字に充当する男女性交の場面を露骨に記述した別冊を参考資料として添付した」と説明されているが、「伏字全部の虎の巻」のようなA五版の全一五頁の資料である。刑事訴訟では、証拠により証明する対象の犯罪事実を「訴因」と呼称するが、「参考資料」には極めて多数の犯罪事実である訴因が記載されていたことになる。しかし、被疑者の研究著述家林美一と出版会社社長坂本篤両名は、この資料は研究者のための真面目な研究資料であると主張していた。そして翌々三七年一一月起訴が始まり、京都地裁・大阪高裁と裁判が行われ、昭和四八年四月一二日最高裁第一小法廷において有罪判断が示された。判例集の裁判要旨によると、

「一、猥褻文書の販売を処罰することは、憲法二一条に違反しない。

二、文書の猥褻性の有無は、その文書自体について客観的に判断すべきものであり、現実の購読層の状況あるいは業者や出版者としての著述、出版意図など当該文書外に存する事実関係は、文書

の猥褻性の判断の基準外に置かれるべきものである。このように解しても、憲法二一条に違反しない。」

と、いう判示であり、この判示第二事項が参考資料に係る判断である。この最高裁の有罪判断が示されたことにより、春画出版業界には、どうしても春画の修整をやっておく必要があるのはどれかという一種の手引きとして「参考資料」を活用する動きも出てきた。

実際に、春画出版業界における「参考資料」の活用を検討する。明治の女流絵師・上村松園作肉筆春画帖の作成時期確定のために、「紙屑は最高裁判決の射程範囲に在るか」を例にする。その手法は、特製本の本文の春画の絵に描かれている「紙屑」を見付けて、そこの記載から伏字の表示に従い別冊「参考資料」へ移り、性的描写の猥褻記述部分へ到達するだけのことである。まず、書籍「艶本研究國貞」の伏字の取扱いであるが、特製本の本文七一頁に

「四、削除個所は□□を埋めて伏字とするか、段を下げて解説した。止む得ぬ処置と諒解されたい。

五、公開をはばかる図に就ては、カットするか、又は原画をそこねぬ程度に修正したが、能う限り、全構図がわかるように努力した。」

と伏字の説明がある。

それを心得て、肉筆春画帖「図六花ござ陶酔」の画中の「紙屑」を「櫛・笄」に書き換えた修整が、最高裁判決の射程範囲に在るかを検討する。紙屑に狙いをつけて書籍「艶本研究國貞」の本文を通読する。同書籍が研究に取り上げた歌川國貞作春画「絵本開談夜廼殿」上・中・下三巻を探索すると、上巻と下巻にそれぞれ一個所ずつ紙屑が描かれていることが判明する。上巻の紙屑は、本文一七五頁から一

七六頁の絵へと続く若衆と道鏡の物語中に紙屑の山が沢山あり、この紙屑の伏字を探すと、参考資料の三頁の「一七五の一七」にある計七行の記述に到達する。この記述はまさに猥褻文書であり、いちいち内容を開示しない。次に下巻の紙屑は、本文二〇七頁の絵中に紙屑の山が少しあり、この紙屑の伏字を探すと、次頁の冒頭に伏字の表示がある。参考資料に移り伏字の表示から、七頁の「気をやり、拭きしまひ、」との記述に到達する。この二個所の記述が性的描写の記述部分であり、春画の紙屑の図と相俟って有罪の訴因事実であり、犯罪事実として処罰されたことが確認できる。

このようにして、同書籍の紙屑が最高裁判決の射程範囲に在るとの判断ができることから、明治の女流絵師・上村松園作肉筆春画帖の「図六花ござ陶酔」画中の「紙屑」を「櫛と笄」に書き換えた修整は、猥褻取締り回避策としては「それなりに適切な作業」であったと認められ、肉筆春画帖の作成時期が確定できる。

書籍「艶本研究國貞」の特製本は単色印刷であるので、カラー印刷版の林美一編著「歌川國貞絵本開談夜廼殿」(定本浮世絵春画名品集成一〇・一九九六年九月河出書房新社発行)と季刊浮世絵六六号の「秘本＊カラー仕掛絵・絵本開談夜の殿(林美一寄稿文)」により紙屑の図と伏字の内容を確認した。この伏字の内容確認作業を実施することにより、肉筆春画帖が上村松園の没後に作成された贋作であると明確に認定できたのである。

(4)歌麿の歌まくら秘画帖〈カラー版〉の新版発行における修整

「歌麿の歌まくら秘画帖」は、画文堂の経営上大事な書籍であった。昭和四二年金子孚水から企画・解説に全面的な協力を受け、喜多川歌麿作「歌まくら」の初摺を出版するという機会に恵まれ、これに単色図版ながら「ねがいの糸ぐち」と「小町引」を加えた美麗な書籍として刊行し、昭和四六年には重版した。金子孚水が昭和五三年に死去した。昭和五四年一二月には新雑誌の「陶芸四季」を創刊したが、これにより資金的に経営が窮屈になるという状況が生じた。その時期に、企画・解説に社長鈴木実の独自色を出し、全部カラー版の新刊「歌麿の歌まくら秘画帖」として発行する計画を立てた。艶本研究國貞事件の捜査・起訴以降、春画出版の原稿調製には取締りを回避するため従来にも増して自主的に事前の修整が必要だとする認識が強まっていた。「小町引」の紙屑については、歌麿の歌まくら秘画帖の昭和四二年の初版と四六年の重版ともに、全頁大の図柄の下部に紙屑がこれ見よがしに描かれてあったが、昭和四八年最高裁から艶本研究國貞事件に有罪判決が出た以上はそうもいかない。大判の画図の図柄下部を紙屑の幅で切り縮めるようにすれば、紙屑の山が消えてしまうという編集上の意見が出てきた。これに「部分図」と標題を付けておけば、不自然ではない。小画像の全構図に紙屑が見えても目立たないから心配ないであろう。問題は解説である。初版と重版の金子孚水解説は同文で無難なものであったが、全部を新解説にするほかないことになった。東大路鐸こと社長鈴木実の解説は、紙屑の山が姿を消したので、台詞もこれに合致させて、

「もう一丁とぼしたら、マァちっと休もふ。麹町なら岩木升屋だがこっちがウワキマス屋だ・・。サァてまへもやるそうで・・らの頭へ水鉄砲を突くよふに当るは当るはアァ・・いい・・蛸薬師女来だ、有難や有難や、その代りに目黒まで行ったほど、くたびれる」

と紙屑の数量が判らないように伏字にすることで修整の意見がまとまった。このような猥褻取締りを回避するための編集作業を、新刊広告の中に入れておく必要があるということになり、

「世情の流れの中で秘画トリミングの許容範囲が移し動いて開いていくのを季刊「浮世絵」と共に知るようになって、画文堂はいさぎよく旧時代の画集として、絶版にしてしまった。絶版にして八年の歳月が経った。」

と書いて広告の「秘画トリミング」の説明の中に見事に納めた。こんな編集作業を経て、昭和五五年九月二五日に新刊カラー版の発行に至り、「歌麿の歌まくら秘画帖〈カラー版〉」は定価一万九千円で限定五百部が販売された。そして翌五六年一月五日発行季刊浮世絵八四号の肉筆春画帖の記事に、このカラー版を参照すべきであるとする内容が記述された。「歌麿の歌まくら秘画帖」の広告は、肉筆春画帖記事の次頁に掲載されたのである。

(四)肉筆春画帖における紙屑の修整と贋作実行

(1)小町引写し「図六花ござ陶酔」画中の紙屑の修整が明らかにした贋作実行

肉筆春画帖小町引写し「図六花ござ陶酔」画中の紙屑の修整について、諸問題を検討するに先立ち、その概要をみておくことにする。季刊浮世絵八四号の解説記事の一六頁には、上部に大きく肉筆春画帖「図六花ござ陶酔」の画図があり、その下部に小町引の原図の縮小図があって、縮小図から花ござを敷いての男女陶酔の絵であることが判る。紙屑の修整は、両図を見比べると原図にある交わっている女の顔の先にあった紙屑が櫛・笄に書き換えられていると直ぐに判る。「歌麿の歌まくら秘画帖」では、修整は図柄下部の紙屑をそっくり切り捨てて行われたが、小町引写し「図六花ござ陶酔」ではその方法がとれないので、紙屑を櫛・笄に書き換えたのだと判る。

第一の問題事項は、紙屑を櫛・笄に書き換えるについて、何か理由があるのかということである。これの回答は、新刊「歌麿の歌まくら秘画帖」を参照すると直ぐに判る。同書は、第一部歌まくら、次が第二部ねがいの糸ぐち、最後に第三部小町びきと三つの歌麿春画を集めて掲載している。第三部小町びきの問題であるので、その前の第二部ねがいの糸ぐちの頁を繰ってみると、そこに「図六花ござ陶酔」の図柄と台詞がそっくりな「図八敷ござ裸身」の春画が出ている。女の顔の先には櫛・笄が転がっており、それに原図の縮小図である全構図には、男女の足先に紙屑が散らばっている。この「図八敷ござ裸身」の画図を眺めると、小町引写し「図六花ござ陶酔」の紙屑を修整した実行者らは、新刊「歌麿の歌まくら秘画帖」を知悉していて、紙屑の書き換えの修整なら櫛・笄へと即座に反応した人たちだと判るのである。

第二の問題事項は、その紙屑を修整した人たちは、画文堂編集部が指摘した、ノーベル書房「日本枕絵大観わじるし」の贋作のように「画学生をして春画を筆で偽物を書かせた」のであろうかという問題である。つまり肉筆春画帖は、何かの肉筆画が存在していたのか、それとも最初から贋物絵を描き下ろしたのかという贋物作成方法の問題である。明治時代には春画を外国に売り付けて儲けを狙ったが春画が品切れ状態で、木版画や肉筆画の贋作が流行したことは、当時の新聞記事（読売新聞コピーサービス明治二五年七月一〇日付録）にある。そんな贋作絵を土台に使って肉筆春画帖の贋作をしたのではないかという問題である。土台に使えそうな絵では、歌麿研究会編「日本浮世絵大集第二巻秘版歌麿」（紫書房昭和二八年）のグラビアに背景・台詞がない「絵本小町引」全図の縮写部分絵が四頁にわたり掲載されている。その中に「図六花ござ陶酔」の絵もある。紫書房のグラビアの絵は、紙屑のない絵であり、男の腕に抱きついている女の手指が両手の手指を原図のとおりに写してあるのに対し、肉筆春画帖「図六花ござ陶酔」の絵は、紙屑が櫛・笄に修整された絵であり、女の手指が四本不足している。全体的に見て絵の出来具合では、紫書房のグラビアの絵は丁寧な仕事であり、肉筆春画帖の絵は粗雑な仕事に見えるのである。この紫書房のグラビアの絵について、林美一著「江戸枕絵集成喜多川歌麿・正」（河出書房新社一九九〇年・九九ー一〇〇頁）は「明治か大正に全図を彫直した偽板」としていた。その後、林美一著「江戸枕絵集成喜多川歌麿・続」（河出書房新社一九九三年・一九〇頁）は、「調査を進めた結果、明治年間刊行のアルバム式の折帖一冊本で、上袋に墨摺で「歌麿絵巻」と題しており、富岡永洗作「八雲の契り」の帖体裁と酷似し、富岡永洗作品を真似た豪華な艶画帳が矢つぎ早に刊行されたものと同類の作品である」旨と前著の内容を補正した。土台に使えそうな現存した絵からの検討では、肉筆春画帖が古物の絵を土台に利用したと考える余地はない。特に、絵画では最後の一筆を入れて絵が完成に至るので、完成時点において贋作絵の作成が完成する。したがって、画文堂編集部が指摘したノーベル書房の偽物絵作りの方式のように、最初から贋物絵を描き下ろして肉筆春画帖の贋作が完成したと認定できるのである。

第三の問題事項は、図六の紙屑修整以外に問題視すべきものはないかという問題である。「図七髪すき鏡台」については腰巻きの加筆が認められるが、これは小規模な陰毛の範囲を覆ったものであり、特に悪質な贋作の手口として取り上げるほどのものではない。「図六花ござ陶酔」画中の紙屑の修整は、肉筆春画帖の贋作の実行行為であり、これには疑問の余地はなく、他に図六の紙屑修整以外に問題視すべきものはない。

（2）季刊浮世絵九六号の小町引寄稿文による小町引写し「図六花ござ陶酔」の台詞補正

画文堂は、会社出版業務として、歌麿の歌まくら秘画帖〈カラー版〉の新版を発行し、季刊浮世絵八四号に収載の肉筆春画帖の贋作を実行した。その後において季刊浮世絵九六号の誌上で小町引写し「図六花ござ陶酔」の台詞補正を行った。この台詞補正記事を掲載した事実は、季刊浮世絵の誌上において実行されているので、肉筆春画帖における贋作を自認して補正した行為として評価されるものである。

昭和五九（一九八四）年一月五日発行の季刊浮世絵九六号に、研究者渋井清の昭和五八年一一月一日付け「絵本小町引・もと題簽の発見と刊年や図柄の検討及び序文付文への考察」なる寄稿文が掲載された。その考察の内容は、右寄稿文標題の順序・内容のとおりであり、浮世絵書誌学で問題になっていた「絵本小町引」の題簽つきの作品が発見され、これにより外題を「小松引」とする少数研究家の所説は誤りであることが明白になったとする。

そして、新発見の小町引の本体一二図についてそれぞれ解説するが、その画図番号と画題は、

「図一裸男の背、図二女郎の大陰唇、図三女衆に茶臼女郎、図四腹やぐら腰ふね、図五角かくし女を後から、図六のめり茶臼、図七尻やぐら曲取り、図八湯上がり女を後から、図九振袖新造とチョンのマ、図一〇菊の花の咲く籬を画いた屛風前の少女と少年、図一一地者にかかる男、図一二髪を結わずともいいわさ」

と、いうものである。

研究者渋井清による肉筆春画帖「図六花ござ陶酔」の台詞補正については、次の記載がある。その画題を「六のめり茶臼」としており、「はだかの男の上に、女は高く尻をあげて向こうから手前の方に、のめり落ちそうな図柄である。」との説明があり、これに台詞が続いており、

「ちっと休もふ、丁度五丁めだ、かうじまちなら、いわきますやだが、こっちが浮気ますやだ、てまえもやるそうで、まるで、あたまへ水てっぽうをつくようにあたる。たこやくし女来、ありがたやありがたや、そのかわりに、目黒までいったほど、くたびれる」

と、いうものである。前記「歌麿の歌まくら秘画帖〈カラー版〉の新版発行における修整」において東大路解説を掲記したが、そこでの紙屑の数量が判らないように作業した個所は、「丁度五丁めだ、」と補正されている。これにより「図六花ござ陶酔」の図中の「紙屑四山」を「櫛・笄」への修整と台詞が復活し、これにより補正ができたのである。

研究者渋井清は、絵本小町引全一二図のうち、「図四腹やぐら腰ふね、図六のめり茶臼、図七尻やぐら曲取り、図一二髪を結わずともいいわさ」の四図を全浮世絵中の絶品と賞賛し、文芸復興期のミケランジェロも達し得ていなかったと賛美するほどである。そして、「この図柄をたしかめたいと思う方は、「画文堂の歌麿の歌まくら秘画帖（カラー版・昭和五五年版）」を購入して見てください」としている。

（五）肉筆春画帖の贋作日確定とその意義

（1）肉筆春画帖は昭和五五年九月二五日から翌五六年一月五日までの間に贋作実行されたこと

肉筆春画帖の贋作日の確定を検討する。この贋作日は、これを確定する直接証拠が見当たらないので、関係証拠を綜合して贋作期間として確定することになる。季刊浮世絵八四号の編集期間ばかりではなく、紙屑修整問題の調整で「歌麿の歌まくら秘画帖〈カラー版〉」の新版発行とも関連しているので、「歌麿の歌まくら秘画帖〈カラー版〉」の新版発行日から季刊浮世絵八四号の雑誌発行日までの間とするのが適切である。したがって、昭和五五年九月二五日から翌五六年一月五日までの間に肉筆春画帖の贋作が実行されたと認められる。よって、肉筆春画帖の贋作日確定の意義を、以下に検討することにする。

（2）明治の女流絵師・上村松園作肉筆春画帖なる研究データは虚妄であること

鈴木論文は、「明治期における背景表現の喪失による春画終焉」なる仮説を明治の女流絵師・上村松園作肉筆春画帖なる研究データをもって検証するとした。しかし、明治の女流絵師・上村松園なる人物は虚妄の春画絵師である。その作成したとされる肉筆春画帖は昭和五五年九月二五日から翌五六年一月五日までの間に贋作された春画である。したがって、明治の女流絵師・上村松園作肉筆春画帖なる研究データが虚妄であることは論ずるまでもない。前記したとおり、「偽物絵と決定されると、これは蜃気楼の如きものであり、どんなに立派な説明を試みても一瞬のうちにすべてが雲散霧消してしまう」ことになったのである。

（3）虚妄データによる春画終焉仮説の検証は論文不正であること

鈴木学位論文は、学位論文題目「近世春画・春本の図像研究―その背景表現への考察―」をもってその提唱する「明治期における背景表現の喪失による春画終焉」なる仮説を証明するべく検証作業をなすとしたところであるが、これが虚妄データによる検証であることが明白になった。したがって、論文不正に該当し、的確な問責こそが必要とされる事犯である。

4　検証の成果

（一）鈴木論文の記述

本書では、検証作業の次の段階を「第二次春画終焉仮説の検証」と呼称してその実証的な作業成果を見守ったところであるが、鈴木学位論文は、「「背景表現」はいっさい描かれていない。」とその提唱する

「明治期における背景表現の喪失による春画終焉」仮説に沿う記述をした。これは、全面的に仮説検証の成果が得られたとする記述と解するほかない。

（二）検証の成果の判断

鈴木学位論文は、「「背景表現」はいっさい描かれていない。」と記述しているが、この記述は、贋作春画を利用して検証を行い、検証の成果を偽ったものであり、明らかに事実に背反して虚構であって、その検証評価を肯認し難いと判断されるので、論文不正として的確な問責が必要とされる。

五　総括

1　鈴木論文の記述

鈴木学位論文は、終章「消えゆく、春画の背景」の第五節「本研究の結論」において、

「明治時代に入り、この盤石な文化基盤がしだいに崩れ始める。明治の新政府は、明治元（一八六八）年にさっそく出版物の事前検閲を行う布告を発布し、翌年の明治二年（一八六九）には好色記事を出版する者を罰する条例を定めた。しかしそのような出版規制にもかかわらず、明治期に入ってもしばらくは春画は描かれ続けた。先に上げた富岡永洗の『八雲の契り』や武内桂舟の『夜ざくら』なども、そうした明治期を代表する春画刷物のひとつといえよう。それが日露戦争後の明治四十年頃からほとんど描かれなくなる。春画はこの頃を境にしだいにその姿を歴史の舞台から消していくことになった。日本において春画文化の伝統が完全に途絶えるのは、明治時代の末期である。こうした春画衰頽の要因を明治政府の厳しい出版規制に求めるのはたやすい。けれどもはたしてそれら官憲の取り締まりだけで、春画文化を絶滅の彼岸へと追いやることができるのだろうか。」

と記述したが、この文中には、「富岡永洸の『八雲の契り』や武内桂舟の『夜ざくら』など」は記載されているものの、明治期における背景表現の喪失による春画終焉仮説検証の主位とした「明治の女流絵師・上村松園の肉筆春画帖」の記載を欠如している。そのまま、

「本論は、その変わり目を明治二十年代から三十年代にかけての春画をめぐる〈場〉の転換に求めた。場の転換とは、より具体的にいえば、人びとの春画に対する認識の変化である。別な言い方をすれば、春画に対する概念の変化ともいえよう。（略）したがって江戸時代においては、「性的なもの」に見えるものでも〈性的な視座〉のみに囚われた見方をしていなかった。この微妙な認識の違いがわからなければ、明治時代に引き起こされたその変わり目も見えてこない。では、その変わり目で何が起こったのか。それは明治二十年代から三十年代にかけて、「性的なもの」に見えるものをすべて〈性的な視座〉のみから捉えるようになったのである。しかもこの性交表現に限定した眼差しにより、春画から背景表現が失われ、猥褻の眼でみられた春画史がつくられていったのである。」

と記述が続く。要するに、富岡永洸の八雲の契り、武内桂舟の夜ざくら、作者不明の「水の出花」、楊洲周延の「秘画帖」、富岡永洸（風）の「好色画帖」及び明治の女流絵師・上村松園作肉筆春画帖を提示しての背景表現の喪失による春画終焉の仮説の検証は、その成果を得ることができなかったのである。仮説の実証的な検証という概念は、鈴木論文の学問としての実証の過程には存在していない。単に論理を駆使して結論に都合よく、春画終焉の「春画史」を作出したに過ぎないことは明らかである。鈴木論文は、最後に、

「本研究は、その転換した〈場〉の経緯を探ると共に、それ以前の春画の認識を復元することにあった。研究すべき課題が多く、春画文化の実態を把握する重要な難問も残されている。（略）ただそれらは今

後の課題とし、本研究によって少しでも春画が〈性的な視座〉の軛から解き放たれ、誰もがその多様な見方を楽しめるようになることを願うばかりである。」

と空疎な記述を閉じ、学位論文の結論とした。

2　意見

鈴木堅弘学術博士の学位論文は、詳述したとおり、その内容は無価値な論文にして、その論文不正の悪質であることは明白に認められる。よって、総合研究大学院大学長は、学位を授与した同学術博士に対し、同大学学位規則第二三条に定める「本学の学位を授与された者が、不正の方法により学位の授与を受けた事実が判明したとき」に該当するので、学位授与の取消し等の所定の措置をなすべきものであると思料される。

二　総研大の回答と情報公開請求

1　平成三〇年一二月一九日付け総研大不正なし回答

2　情報公開請求

(一)　学位取消関係

(1)　平成三一年一月一五日付け鈴木堅弘博士学位授与原議綴請求

平成三一年二月二〇日付け一部開示決定・翌三月二五日開示文書(学位申請論文なし)送付

(2)　平成三一年四月一〇日付け鈴木堅弘学位申請論文請求

令和元年五月七日付け開示決定・五月一五日学位申請論文送付

(二)　回答関係

(1)　令和元年五月二七日付け不正なし回答形成の全書類請求

令和元年六月二五日付け一部開示決定・七月二日開示文書送付ー①二〇一八年一二月五日付山下則子文化科学研究科長作成「論文不正通報に関する予備調査報告」開示

①予備調査報告書の全文は次のとおりである。

本学は、二〇一八年一〇月一七日付の書簡で、学位論文総研大甲第一五三四号「近世春画・春本の図像研究ーその背景表現への考察ー」（文化科学研究科国際日本研究専攻鈴木堅弘）について、不正の方法により学位の授与を受けたとする通報を弁護士[redacted]氏（ママ）から受け取った。これを受けて、本学学位規則第二五条の規定（1）に基づく学長裁定によって、不正の方法により学位の授与を受けたと疑うに足りる相当な理由があるかについて予備調査を行ったので、以下にその結果を報告する。

[redacted]氏（ママ）の通報は、当該学位論文の終章、明治期春画において、背景表現が喪失したことによる春画終焉という論旨に対してなされたものである。特にその論拠の一つに挙げられた、上村松園作か「肉筆春画帖」が、昭和五五年〜五六年（一九八〇〜一九八一）に作成されたと思われる贋作であり、それを用いた結論が不正であると指摘したものである。

鈴木氏は、当該論文の内容を二〇一七年五月一五日『春画論ー性表象の文化学ー』（2）として新典社から出版しており、指摘された資料を『春画論ー性表象の文化学ー』掲載の図版から確認すると、[redacted]氏（ママ）の贋作指摘は、ほぼ正しいと思われる。ただし、贋作の認定は大変難しくそれを実証する資料も乏しく、小柳氏（ママ）がその告発状の大部分を割いて指摘した「肉筆春画帖」の贋作作成の実態も、可能性としては十分に想定しうるが、当該作品が贋作である実証性を完全に備えているとは言いがたい。また、鈴木氏は、上村松園作か「肉筆春画帖」以外にも多くの資料を挙げているので、「肉筆春画帖」を実証資料から外しても、鈴木氏の論旨に大きな変更は起こらないと思われる。二〇一二年の論文審査報告書には「最終章の明治以降にすすむ春画の衰退の仮説は論証が性急であり、出版史、風俗史、文化史への周到な目配りが望まれる」と、通報者と同様に該当部分の論旨への疑問が投じられており、鈴木氏自身も『春画論ー性表象の文化学ー』においては、論旨は変わらないものの、その部分の著述全体に占める割合は、非常に小さいものへと変化している。

ただし、春画・春本という、浮世絵学界はもとより一般社会においても永らく正当には扱われてこなかった分野を学問対象とするには、多くの困難を伴うことは容易に想像される。基盤となる学術的先行研究の少なさがもたらす危うさや、必ずつきまとう贋作問題も周到に注意して排除すべきであるし、国際浮世絵学会での発表をしていない独歩の行き方からも、鈴木氏の研究が今後も強い風当たりを受けることは予想される。

以上、結論としては、鈴木堅弘氏がその学位論文中に資料として用いた作品の一つが贋作である可能性をもってして、不正の方法により学位の授与を受けたとは見なしがたく、また、研究活動の不正行為として検討した場合であっても、本学が規程（3）で定める不正行為「捏造、改ざん、盗用」のいずれにも該当しない。当該学位論文は既に内容に多くの改訂が加えられて公刊されており、内容に関する疑義は、国際浮世絵学会等の専門学会の場で討議されるべき問題と思われる。

注

（1）「総合研究大学院大学学位規則」第二五条　この規則の実施に関し必要な事項は、学長又は研究科が別に定める。

（2）鈴木堅弘『春画論－性表象の文化学－』（新典社研究叢書二九四）ＩＳＢＮ１３：９７８－４７８７９４２９４４

（3）「国立大学法人総合研究大学院大学における研究活動の不正行為への対応に関する規程」第二条

（2）令和元年七月一七日付け予備調査、本調査実施状況等の各種資料請求
令和元年八月九日付け全部不開示決定

第三章　規程に基づく告発

第一節　告発

一　令和元年一二月一三日付け告発

バード法律事務所
弁護士　小　柳　泰　治

総合研究大学院大学長　長谷川　眞理子　殿

第一部　鈴木学位論文に係る総合研究大学院大学における研究活動の不正行為への対応に関する規程違反の告発

一　告発の趣旨

鈴木堅弘に対し学位が授与された博士論文の取り下げを勧告する。

二　告発事実と規程条文

1　告発事実

鈴木堅弘は、後記「三告発の理由」記載の不正行為を行ったものである。

2　規程条文

鈴木堅弘の右行為は、国立大学法人総合研究大学院大学における研究活動の不正行為への対応に関する規程第一条、第二条第一項第一号及び第三条第一項に該当し、第二二条第一項により鈴木堅弘に対し学位が授与された博士論文の取り下げを勧告するのが相当である。

三　告発の理由

1　鈴木学位論文不正案件の全容

鈴木学位論文不正案件は、鈴木堅弘が一回限りの論文不正により博士（学術）学位を授与され、その栄誉によりすべてが終了したという如き素朴な案件ではない。

鈴木堅弘は、京都精華大学を経て総合研究大学院大学（以下「総研大」ともいう。）に博士学位授与を受ける目的で在学し、傍ら平成二三年二月から英国ロンドン大学国際浮世絵プロジェクトに加入して大英博物館春画展準備に従事し、平成二四年六月一五日博士論文審査出願をし、同年九月二八日論文審査委員主査教授稲賀繁美、委員教授井上章一、委員教授早川聞多、委員教授アンドリュー・ガーストル（ロンドン大学）、委員理事白倉敬彦（国際浮世絵学会）による審査に合格して学位記番号総研大第一五三四号博士（学術）学位の授与を受けた。しかし博士論文審査には難渋した。博士論文の主柱とした重要な仮説の立証には、絵師富岡永洗ら五名が明治三〇年頃に作成した春画による立証を予定したが、それでは博士学位が授与され難いところから右五名による仮説立証を放棄し、春画雑誌掲載の「上村松園作肉筆春画帖」なる猥褻物取締回避のための修整が済んだ贋作春画を論文データに利用する論文不正の実行を決意し、同贋作春画を文化勲章受章者上村松園の真作春画による立証であるように装い、捏造した論文データにより論文不正を敢行し、遂に不正博士学位の授与を受けた。この博士学位の授与は、贋作春画を対象にしたわが国では前例のない「栄誉」である。この学位授与の栄誉に随伴して春画雑誌に掲載された贋作の上村松園作肉筆画春画に対し、日本国の専門大学院である総研大が真作と評価する「真作保証」が発生した。春画業界では疑わしい春画でもその評価により真作として取扱いされ、真作保証の呼称で取引される。業界で待望の真作の上村松園作春画が出現したのである。これは日本国内における真作保証の発生である。

鈴木堅弘は、その後は不正授与の学術博士として大英博物館春画展図録作成に従事することとなった。同鈴木は、この望外の機会に英国においても贋作の上村松園作肉筆画春画帖に対し真作と評価される方策を講じて自己に寄せられた批判を除去しようと決意した。それには、不正博士学位授与と贋作春画の真作保証発生の成功体験がある。特に英国においては真作保証の拡大を企図した。そこで文化勲章受章者の画家上村松園と同じく文化勲章受章者でその制作春画が渇望されている画家鏑木清方を組み合わせて中心に置き、これに画家水野年方、同池田輝方を加えた計四名の画家が肉筆画春画を制作した事実がないのにこれがあるように装い、右四名の画家が制作した肉筆画春画が「実在」する旨虚偽の内容の解説文を捏造して大英博物館春画展図録に記載する論文不正を敢行した。この論文不正により右四名の画家が制作した肉筆画春画が実在するとの虚構の春画学説を流布したのである。この虚構の学説は、英国内において贋作である肉筆画春画作成への邪悪な道筋を拓いたのであり、贋作肉筆画春画が作成・取引されるときは、これに対する真作保証が発生・拡大するに至るのである。大英博物館春画展図録への論文不正は、現にそのまま保持されており、真正な春画に対する学問研究が阻害された状況にある。これは英国内における真作保証の発生・拡大である。

2　前回通報の内容と結果

（一）前回通報の内容

前回通報した事実は、右に述べた案件全体の一部分である不正博士授与と日本国内における真作保証発生までの事実である。

前回通報の内容を簡略に述べると、鈴木堅弘は、平成二四年六月に博士論文審査出願をした。鈴木学位論文は、終章「消えゆく、春画の背景」の第四節に殊更「消えゆく、春画の背景」と終章と同じ標題を付し、同四節において「明治期における背景表現の喪失による春画終焉」なる「仮説」を提示して同論文の主柱とした。そして第一回の仮説立証として、明治三〇年頃の絵師富岡永洗・同武内桂舟・同周延・氏名不詳絵師二名の総計絵師五名とそれらの作成春画による立証標目を提示した。これを通報では「第一次春画終焉仮説の検証」と便宜呼称しているが、第一回の仮説立証は厳しい批判を受けて失敗した。

鈴木堅弘は、第一回の仮説立証が失敗したため、春画雑誌季刊浮世絵八四号の春画カラー鑑賞記事中の猥褻物取締回避のための修整が済んだ新作春画一二枚組物の贋作春画帖を発見し、第二回目の仮説立証として、同春画帖の標題を仮説に合致する「明治の女流絵師・上村松園作成の歌磨小町引写し肉筆春画帖」と詐称し、同雑誌の春画一二枚により立証する方針に改変した。これを通報では「第二次春画終焉仮説の検証」と便宜呼称している。同鈴木は、この捏造の贋作春画を使用した論文不正により、平成二四年九月に総研大から不正に博士学位（学術）の授与を受けた。そして学位授与に随伴して専門大学院の権威を背景にする贋作の上村松園作肉筆画春画に対して真作保証が発生した。

前回通報は、鈴木学位論文に対して内容無価値で論文不正の悪質性が明白であると指摘し、総合研究大学院大学学位規則第二三条に基づき学位授与の取消等の措置をなすべきものとして通報したのである。

（二）前回通報の結果

（1）通報に対する回答と調査

通報に対してなされた平成三〇年一二月一九日付総研大の回答は、「平成三〇年一〇月一七日付で貴殿から寄せられた論文不正について（通報）については、当該論文に不正を確認することができませんでした。」である。

通報に対する回答が「当該論文に不正を確認することができません」と俗にいう門前払いの回答であった。書籍・国会図書館の資料複写・インターネット閲覧等の関係事実調査から各種の回答を予想したが、この種の回答は予想していなかったので、まず、鈴木堅弘に対する博士（学術）学位授与の原議類写の情報公開請求から実施することにした。平成三一年一月一五日に鈴木堅弘に対する総研大甲一五三四号博士学位授与の原議綴全部の情報公開請求を実施したが、開示された情報は不開示の文書が多数あり、無関係の外国人学位申請者の財産資料が混入するという違法の状況があったほか、肝心の鈴木堅弘提出の学位申請論文は不存在で開示しないという結果であった。鈴木学位論文は、国会図書館の遠隔資料複写により論文の半分を入手し、残り半分も公開情報から検討済みであったが、国会図書館所蔵と総研大所蔵の双方の論文を精密に対照検討することが必要である。それに学位申請論文が不存在であるということでは、論文審査委員は、博士論文自体を審査せずに論文審査をしたのかという疑問が生じた。事務職員に折衝するうちに学位申請論文は別綴に存在するということになり、総研大所蔵論文写入手には重ねて情報公開請求が必要であるとされた。同年四月一〇日に再度正式に情報公開請求してようやく学位申請論文写を入手するという余分な日時を費やした。

ここまでの情報公開請求の問答から、それまで経験した他行政省庁への情報公開請求とは全く異質な総研大独自の隠蔽方式が存在するように了知されたので、通報回答に対する情報公開請求書の記載に一種の工夫を加えておくことにした。令和元年五月二七日に通報回答に対する情報公開請求を行ったが、請求する文書名称欄には、「本弁護士の平成三〇年一〇月一七日付「論文不正に係る通報」に対し同年一二月一九日貴職から「当該論文に不正を確認することができませんでした」との貴学学位規則第二三条の法意に背馳する意見による書面の送付を受けたところ、同意見の形成に係る書類の全部」と記述した。これは通報に対する回答が、この学位授与案件が軽度の事犯であるように見せ掛けて事実認定及び法的判断を矮小化するべく作為しているものと推測されたので、この際真摯に情報公開の責務を果たされたいとの趣旨を強調するとともに、これに対する反応振りから総研大の授与学位取消手続の運用状況を検索する等の趣旨もあった。諺には「問うに落ちず、語るに落ちる」(『新明解故事ことわざ辞典第二版』四五九頁三省堂編修所)とあるので、総研大がこの諺で観察すると何を語るのかを訊ねてみた。

総研大からは、総研大第四二号令和元年六月二五日付の情報公開に関する「法人文書部分開示決定通知書」が送付され受領した。ところが、総研大同番号同日付である「法人文書部分開示決定通知書について」と題する総合研究大学院大学長名義で公印を押捺したもう一通の文書が同時に送付されていた。

よって、同文書から記述することにする。この文書は、「令和元年六月二五日付けで通知しました標記につきましては、下記のとおり、お知らせします。」と文章を開始し、改行して「記」と記述し、改行して次の文章を記述している。同文章の全文は、

「開示請求書には「当該論文に不正を確認することができませんでした」と貴学学位規則第二三条の

法意に背馳する意見による書面の送付を受けたところ」との記載がありますが、今回これを「「当該論文に不正を確認することができませんでした」との意見による書面の送付を受けたところ」と読み替えて、開示を決定したものであります。」

と記載し、続けて、

「したがいまして、今回の開示決定を以て、当方が貴殿の主張する本学学位規則第二三条の法意に背馳する意見であることを認めたものではありません。」

というものである。通常の公文書でこのような「読み替えて」とする記述の例を知らないが、国においては法律条文に読替規定があって政策的配慮から適切に変更を加える場合に用いている。総研大の場合には何かの配慮があるのかと解釈し、開示資料をまって確認することにした。

（2）回答の理由

通報に対する情報公開請求による開示資料は、令和元年七月三日の書留郵便により、如何なる法的必要が存するのか不明であるが当方からの通報写一通を同封して郵送された、A四判用紙の縦書印刷資料一枚である。同資料の作成日・資料名・作成者・内容等を次に記載する。

「作成日」

二〇一八年一二月五日

「資料名」

総合研究大学院大学文化科学研究科平成二四年（二〇一二年）九月学位取得論文「近世春画・春本の図像研究ーその背景表現への考察ー」に対する論文不正通報に関する予備調査報告

「作成者」

文化科学研究科長山下則子

「内容」

本学は、二〇一八年一〇月一七日付の書簡で、学位論文総研大甲第一五三四号「近世春画・春本の図像研究―その背景表現への考察―」（文化科学研究科国際日本研究専攻鈴木堅弘）について、不正の方法により学位の授与を受けたとする通報を弁護士[redacted]（ママ）氏から受け取った。これを受けて、本学学位規則第二五条の規定注（1）に基づく学長裁定によって、不正の方法により学位の授与を受けたと疑うに足りる相当な理由があるかについて予備調査を行ったので、以下にその結果を報告する。

[redacted]（ママ）氏の通報は、当該学位論文の終章、明治期春画において、背景表現が喪失したことによる春画終焉という論旨に対してなされたものである。特にその論拠の一つに挙げられた、上村松園作か「肉筆春画帖」が、昭和五五年～五六年（一九八〇～一九八一）に作成されたと思われる贋作であり、それを用いた結論が不正であると指摘したものである。

鈴木氏は、当該論文の内容を二〇一七年五月一五日『春画論―性表象の文化学―』（ママ）注（2）として新典社から出版しており、指摘された資料を『春画論―性表象の文化学―』（ママ）掲載の図版から確認すると、[redacted]（ママ）氏の贋作指摘は、ほぼ正しいと思われる。ただし、贋作の認定は大変難しくそれを実証する資料も乏しく、小柳（ママ）氏がその告発状（ママ）の大部分を割いて指摘した「肉筆春画帖」の贋作作成の実態も、可能性としては十分に想定しうるが、当該作品が贋作である実証性を完全に備えているとは言いがたい。また、鈴木氏は、上村松園作か「肉筆春画帖」以外にも多くの資料を挙げているので、「肉筆春画帖」を実証資料から外しても、鈴木氏の論旨に大きな変更は起こらないと思われる。

二〇一二年の論文審査報告書には「最終章の明治以降にすすむ春画の衰退の仮説は論証が性急であり、出版史、風俗史、文化史への周到な目配りが望まれる」と、通報者と同様に該当部分の論旨への疑問が投じられており、鈴木氏自身も『春画論ｌ性表象の文化学ｌ』（ママ）においては、論旨は変わらないものの、その部分の著述全体に占める割合は、非常に小さいものへと変化している。ただし、春画・春本という、浮世絵学界はもとより一般社会においても永らく正当には扱われてこなかった分野を学問対象とするには、多くの困難を伴うことは容易に想像される。基盤となる学術的先行研究の少なさがもたらす危うさや、必ずつきまとう贋作問題も周到に注意して排除すべきであるし、国際浮世絵学会での発表をしていない独歩の行き方からも、鈴木氏の研究が今後も強い風当たりを受けることは予想される。

以上、結論としては、鈴木堅弘氏がその学位論文中に資料として用いた作品の一つが贋作である可能性をもってして、不正の方法により学位の授与を受けたとは見なしがたく、また研究活動の不正行為として検討した場合であっても、本学が規程注（3）で定める不正行為「捏造、改ざん、盗用」のいずれにも該当しない。当該学位論文は既に内容に多くの改訂が加えられて公刊されており、内容に関する疑義は、国際浮世絵学会等の専門学会の場で討議されるべき問題と思われる。

注（1）「総合研究大学院大学学位規則」第二五条　この規則の実施に関し必要な事項は、学長又

は研究科が別に定める。

注（2） 鈴木堅弘『春画論ー性表象の文化学ー』（ママ）（新典社研究叢書二九四）ISBN13：9784787942944

注（3）「国立大学法人総合研究大学院大学における研究活動の不正行為への対応に関する規程」第二条

（3）回答理由の検討

開示された予備調査報告書は、諺どおりに「語るに落ちる」内容の報告である。予備調査報告の説示の順に問題事項を指摘すると、

① 学位取消手続を規定する実施規程類の整備が欠如し、違法不当と評価される常況にあるのに、文化科学研究科長一名が学長裁定によるとする予備調査を実施し、これをもって調査のすべてとしたこと。

② 通報を十分に読まずに、鈴木堅弘が学位授与後の二〇一七年五月に刊行した『春画論ー性表象の文化学』なる書籍の調査に大きく依存していること。

③ 書籍等の調査により、贋作の認定は大変難しく実証する資料が乏しいこと、上村松園作「肉筆春画帖」が贋作である実証性を完全に備えていないこと、同肉筆春画帖を資料から外しても他に多くの資料があるので鈴木学位論文の論旨に大きな変更は起こらないこと、同鈴木も書籍において論旨は変わらないとしつつも、その部分の著述全体に占める割合を非常に小さいものへと変化させていること等としたこと。

④　結論として、資料のうちの一種が贋作である可能性があっても不正の方法により学位の授与を受けたとは見なしがたいこと。
⑤　総研大の規程で定める研究活動の不正行為には該当しないこと。
⑥　鈴木学位論文の内容に関する疑義については、国際浮世絵学会等の民間専門団体の場で討議されるべき問題であるとし、総研大の責任を回避する一種の「総合研究大学院大学不要論」と解される意見を表明していること。

等の複数の問題事項を露呈していた。まさに推測していたとおり、この学位授与案件が軽度の事犯であるように見せ掛けて事実認定及び法的判断を矮小化するために作為していたことが明らかになった。そこで、令和元年七月一七日に学位取消統計・学位取消の実施規定類・鈴木堅弘に対する博士学位授与が他方贋作春画に対し日本国の専門大学院が真作である旨の権威を供与した実害等の関係事実について情報公開請求を実施した。総研大は、同年八月九日「該当する文書なし」とすべて不開示とした。

3　大英博物館春画展図録への論文不正に拡大した今次規程違反の告発

今次規程違反告発は、前記の鈴木学位論文不正案件の全容に記載した前回通報事実から現在に至る間の事実を対象事実とする。

前回の通報において関係事実を詳述したので、今回は前回資料を「第二部鈴木学位論文に係る大学学位規則に基づく学位授与取消の通報関係資料」としてすべて引用してある。

鈴木堅弘は、平成二四年六月博士論文審査出願をした際に博士論文に履歴書等を添付して提出したが、情報公開請求により送付された同履歴書写には、平成二三年二月からロンドン大学国際浮世絵プロジェクトに加入して平成二五年開催の大英博物館春画展の準備に従事中との履歴が記載されている。博士論文審査出願の一年以上も前から大英博物館春画展の開催準備作業に加わっており、平成二四年九月に不正博士学位の授与を受けた後は、この活動を続けて日本国内と英国内において贋作春画への真作保証の発生とその拡大への行為を敢行した。この事実は、同鈴木が日本国内における論文不正と英国内における論文不正とを自己の意志に基づき、一連の行動として長期にわたり計画的に実行したことを示している。

鈴木堅弘は、不正学位論文により博士学位の栄誉を取得するとともに、贋作の上村松園作肉筆画春画に対し日本国内で真作保証を発生させた全過程において批判に曝された。大英博物館春画展図録作成というまたとない機会に恵まれ、英国においても、贋作の上村松園作肉筆画春画に対し真作と評価される方策を講じて自己に寄せられた批判を除去しようと決意した。大英博物館の収蔵品を掲載した図録・美術書には文化勲章受章者上村松園と同じく文化勲章受章者鏑木清方が制作した肉筆画春画の収蔵については記述・掲載がない。上村松園・鏑木清方らが制作した春画の「実在」を示す内容の解説文を捏造して大英博物館春画展図録に記載する手段に思い至り、論文不正の敢行を企図したのである。大英博物館図録という春画業界憧れの大図録に記載できれば、上村松園作春画に限らずかねて春画業界で渇望されてきた鏑木清方作春画の実在も公認されることになる。これをもって鈴木堅弘自身に対する厳しい批判を消滅させることができる。これの可能な地位にいる間に論文不正を完遂したいとの野望を抱いたのである。鈴木学位論文不正は、日本国内に止まらず英国へと被害を拡大した。

4　総合研究大学院大学の博士論文に対する基礎体制

（一）総合研究大学院大学の沿革と博士人材の育成

（1）総合研究大学院大学の沿革

わが国において大学、大学院及び大学院の授与する博士の学位は、国の学術の中心を占める最高の存在であるとともにその称号である。学校教育法は、

「第五二条　大学は、学術の中心として、広く知識を授けるとともに、深く専門の学芸を教授研究し、知的、道徳的及び応用的能力を展開させることを目的とする。

第六五条　大学院は、学術の理論及び応用を教授研究し、その深奥を究めて、文化の進展に寄与することを目的とする。

第六八条　大学院を置く大学は、監督庁の定めるところにより、博士その他の学位を授与することができる。」

と定めている。総合研究大学院大学は、昭和六三年法律第六七号国立学校設置法の一部を改正する法律に基づき創設された。同法律は、

「第三条の三　学校教育法第六十八条の二に定める国立大学として、総合研究大学院大学を置く。

2　総合研究大学院大学は、第九条の二に定める国立大学共同利用機関で政令で定めるものとの緊密な連係及び協力の下に教育研究を行うものとする。」

と定めており、昭和六三年一〇月に総合研究大学院大学が開学し、三〇年を超える教育研究の成果を収めている。平成一五年一〇月一日国立大学法人法（同年法律第一一二号）が公布施行され、国立大学法人総合研究大学院大学となった。

（2）博士人材の育成

総研大は、インターネットにおいて平成三一年四月一日付「学長からのメッセージ」で「総研大は優れた研究拠点で研究者を養成するという世界にも類を見ないコンセプトのもと設立された。関係各位のご協力のもと日々努力していく所存である」旨を掲げて博士人材の育成を宣明している。そして別の「本学の博士課程教育」には「平成四年三月初めて修了生を送り出してから二七年を経て、二〇九七名の課程博士を数えることになった」とその成果を喧伝しているので、本年における最新の動向を「総合研究大学院大学学術情報リポジトリ」により学位論文数で確認すると、右二〇九七名の課程博士数を超える論文数であることが判明した。この成果は、指導教員の総合研究大学院大学倫理綱領に基づく適切な教育研究の指導結果であるとともに、博士人材らの倫理綱領の定める社会的行為規範の遵守と自己研鑽の努力によって支えられていることには疑う余地はない。

学長は、博士人材の育成に関連して朝日新聞デジタル（令和元年一一月一一日）で「減る博士課程進学、打開策は」との標題により聞き手から質問を受けて回答する記事において、「どのようにしていけばいいでしょうか」との最終質問に回答している。朝日新聞デジタルの厳格な著作権管理に従いつつ、この回答の意見を引用すると、

「人口一〇〇万人あたりの博士号取得者数をみると、日本は米国、英国、ドイツなどの半分しかいません。しかも年々減っています。先進国で博士の数が減った国はほかにありません。海外では、企業の研究職はもちろんですが、省庁で役人になったり、マスコミに行ってジャーナリストになったり、大学事務に就職したりと、ありとあらゆる職場に博士がいます。日本も多様な職場での博士の

活用を目指すべきです。博士課程に進む人自身がアカデミアに固執しすぎると言われますが、それは変えられると思います。最初はみな大学や公的な研究機関をめざしますが、修士課程や、博士課程でも早いうちに大学以外の職場の現状を知る機会があると、意識はだいぶ変わります。就職研究会などを通じて企業などでどういう博士人材が求められているかといった情報を知ると、かなりの人は、自分にも向いているかも、自分も行ってみたいと思うようになるようです。博士課程の教育も、博士号の価値をアカデミア以外のどんな場面で見せていけるかを意識したものにしないといけないと思いますし、最近、経団連が、博士人材を積極的に採用する方向性を打ち出しましたが、企業側のこうした動きにも期待したいです。」

というものである。新聞読者向けに博士課程進学の最近の実情を率直に語っており、博士人材の育成を使命とする総合研究大学院大学長の立場からの意見に対しては、大いに賛意を表する。

併せて、学長には、減る博士課程進学という重要問題にとっては当然の前提事項である「博士学位審査」の段階において論文審査の適正妥当な実施に積極的な改善を図る責務がある。そして、論文審査において審査の失敗が生じたときは、透明にして的確な対処が講じられなければならない。

（二）博士論文不正案件発生の先例

総研大の博士論文不正案件発生の先例については、公開情報による開示がない。そこで、令和元年七月一七日に不正案件発生状況を検索する趣旨も含めて学位取消統計の情報公開請求を実施してみた。結果は、「該当文書なし」である。前記の博士人材の育成で引用記述した「平成四年三月以降二七年間の課程博士二〇九七名」の博士学位授与案件については、統計によれば博士取消案件の発生は皆無であるとしているものとみられる。実際には、倫理綱領に違反するという観点から論議の対象になったものが存在したが、最終的に是正に至ったものであろう。

(三) 博士論文不正案件に関する規制方策

総研大の博士論文不正案件に対する規制は、概略すると、第一に「適切な教育研究指導」を徹底し、第二に「不正論文取下げ勧告」することにし、第三に「授与学位の取消し」を果断に実行するとの三種類の方策が策定されている。そこで、この三方策に関する総研大の規則規程等については当該条文を精査する必要があるので、必要条文に限定して取り纏めておくことにする。

(1) 総合研究大学院大学倫理綱領

第一「適切な教育研究指導」の徹底について、総合研究大学院大学倫理綱領を取り上げる。総研大の法令集は、「国立大学法人総合研究大学院大学規程集」の名称により、総研大において規則を高位とし、以下規程、次に細則と階層に従い、「第一編基本通則」から「第一三編葉山キャンパス関係その他」までに編分けしてインターネットで公開されている。倫理綱領は、第一編基本通則中に大学基本通則、大学学則とともに総研大の基本法令として規定されており、大学における単なる倫理の綱領に留まることなく、複数の研究機関を一体化して教育研究する高等教育機関である総研大において平成一七年制定以降、実定法として運用されてきた実績を有している。現に、国立大学法人総合研究大学院大学における研究活動の不正行為への対応に関する規程第一条は、不正行為の防止等について国の法令等及び倫理綱領とともに本規程を総合的に適用する趣旨を明示しているのである。倫理綱領の全文は、

「総合研究大学院大学は、社会の付託を受けた高等教育機関であることの自覚と責任に基づき、ここに倫理綱領を定める。

一、総合研究大学院大学は、その教育研究活動を通じて、基礎学術の発展に先導的な役割を果たし、以って人類の福祉に貢献するべきである。

一、総合研究大学院大学の教員ならびに学生は、大学設立の趣旨に則り、その教育目的実現に向けて勉励するべきである。

一、総合研究大学院大学において教育研究に従事する者は、他の研究者ならびに教育を受ける者の人格を尊重するべきである。

一、総合研究大学院大学に在籍する者は、良心に基づいて社会的行為規範を遵守し、自己研鑽に努めるべきである。」

との格調の高い文章であり、平成一七年四月五日学長小平桂一の制定である。

（2）国立大学法人総合研究大学院大学における研究活動の不正行為への対応に関する規程

第二「不正論文取下げ勧告」について、国立大学法人総合研究大学院大学における研究活動の不正行為への対応に関する規程に移る。本規程は、教育研究の実施に関する例規として「第七編大学教育研究」中に大学規程第七号として平成二七年三月二五日制定された。この規程は、従来倫理綱領が担ってきた論文不正の法領域において最近の科学論文不正や研究費不正等の広く社会問題化した論文不正を背景にし、実際的な実施上のルールとして期待されている。制定は平成二七年であるが、その適用は平成二七年発生以降に厳格に限られるものではないことは規定上明らかである。第一条から第三

条まで、第四条の二、第一一条、第一二条、第一四条及び第二二条の各条文を、条文見出しも含めて記載する。次のとおり、

「　（趣旨）

第一条　国立大学法人総合研究大学院大学（以下「本学」という。）における研究活動の不正行為（以下「不正行為」という。）の防止及び不正行為が発生した場合の取り扱いについては、「研究活動における不正行為への対応に関するガイドライン」（平成二六年八月二六日文部科学大臣決定）、その他の関係法令等（以下「法令等」という。）及び総合研究大学院大学倫理綱領（二〇〇五年四月五日学長決定）に定めるもののほか、この規程の定めるところによる。

（定義）

第二条この規程において対象とする不正行為（以下「特定不正行為」という。）とは、次の各号に掲げる行為をいう。

一　捏造　存在しないデータ、研究結果等を作成すること。

二　改ざん　研究資料・機器・過程を変更する操作を行い、データ、研究活動によって得られた結果等を真正でないものに加工すること。

三　盗用　他の研究者のアイディア、分析・解析方法、データ、研究結果、論文又は用語を当該研究者の了解又は適切な表示なく流用すること。

2　この規程において「部局」とは、各研究科、附属図書館、教育開発センター、学術情報基盤センター、企画室及び事務局をいい、部局長とはそれぞれの長をいう。

3　この規程において「研究者」とは、本学において研究活動を行っている研究者をいい、学生を含む。

（対象とする研究活動）

第三条　この規程で対象とする研究活動は、研究費のいかんを問わず、本学の活動の一環として行われるものとする。

2　略

3　研究者が本学に既に在職（在籍）していないときは、原則として、当該研究者が現に所属する研究機関と合同で対応し、どの研究機関にも所属していないときは、本学において対応するものとする。

（研究者の責務）

第四条の二　研究者は、高い倫理観を保持し、不正行為を行ってはならない。

2　研究者は、研究者倫理に関する知識を定着、更新するため、定期的に研究倫理教育を受講し、研究者としての規範意識の向上に努めなければならない。

（予備調査）

第一一条　最高管理責任者は、第九条の規定により告発を受理したときは、予備調査委員会の委員長に統括管理責任者又は管理責任者を指名し、次の各号に掲げる事項について予備調査の実施を命ずるものとする。

一　以下略

2　前項の規定により予備調査を命ぜられた統括管理責任者又は管理責任者は予備調査委員会を組織し、予備調査を実施するものとする。
3　予備調査委員会は、委員長が指名する三名以上の委員によって組織するものとする。ただし、調査の公正を確保するため、告発者及び被告発者と直接の利害を有する者は、加わることができない。
4　予備調査委員会が必要と認めたときは、前項に規定する者のほか、学外の有識者を委員に加えることができる。
5　以下略
7　予備調査委員会は、告発事案について本調査の要否を判断し、告発受付後、原則として三〇日以内にその結果を最高管理責任者に報告する。
8　最高管理責任者は、本調査を行わないことを決定したときは、その理由を付記し告発者に通知するとともに、予備調査の資料を保存し、当該事案に係る資金配分機関又は告発者の求めに応じ開示するものとする。

（研究活動不正行為調査委員会）

第一二条　最高管理責任者は、前条第七項の報告に基づき本調査を行うことを決定した場合には、研究活動不正行為調査委員会（以下「調査委員会」という。）を設置するものとする。
2　略
3　調査委員会は、委員の半数以上を本学に属さない外部有識者で構成するものとする。

4　以下略

（本調査の実施）

第一四条　調査委員会は、最高管理責任者が第一一条第七項の報告に基づき本調査を行うことを決定した日から原則として三〇日以内に本調査を開始しなければならない。

2　以下略

6　調査委員会は、当該調査において有益かつ必要と認めるときは、告発された事案に係る研究活動のほか、調査に関連した被告発者の他の研究活動も調査の対象に含めることができる。

7　以下略

（特定不正行為が行われたと認定された場合等の措置）

第二二条　最高管理責任者は、特定不正行為が行われたとの認定があった場合、特定不正行為への関与が認定された者及び関与したとまでは認定されていないが、特定不正行為が認定された論文等の内容について責任を負う者として認定された者（以下「被認定者」という。）が本学に所属するときは、当該被認定者に対し、学内の規程に基づき適切な処置をとるとともに、特定不正行為と認定された論文等の取り下げを勧告するものとする。

2　告発が悪意に基づくものと認定された場合、当該告発者が本学に所属するときは、最高管理責任者は当該告発者に対し、学内の規程に基づき適切な処置をとるものとする。

3　当該特定不正行為を行った者が行為時に学生であった場合には、当該特定不正行為が行われた状況や教育的配慮の必要性等を考慮するものとする。」

というものである。

（3）総合研究大学院大学学位規則

第三「授与学位の取消し」について、総合研究大学院大学学位規則に移る。インターネットの公開情報を探索してみると、学位規則は、平成元年四月一日規則第二号として制定され、累次の改正を経て学位授与関係規定と学位授与取消関係規定との相反する場面の規定類が整備されており、第二五条雑則には「実施に関する必要事項を学長又は研究科をして別に定めさせる」旨の規定も完備している。質量共に慎重な学位授与の実施規程整備振りから判断すると、これと同等に質量共に慎重な学位取消手続の規程・細則の整備振りが実現し、学位取消手続が遺漏なく実施できる体制にあるものと思われた。しかし念を入れて、その慎重な学位取消手続の規程・細則を検索してもこれが発見できない。そこでこの慎重な学位取消手続の規程と細則の明文規定を情報公開請求してみた。その結果は、「該当する文書なし」として不開示であり、学位取消手続を発動するに当たり「事前に」制定しておくべき規程と細則の明文規定が整備されていないことが判明した。総研大においては学位取消手続を規定する実施規程類の整備が欠如し、違法不当と評価される常況にあると認められる。ここの条文の取り纏めでは、学位規則の第一条から第三条まで、第二三条及び第二五条の各条文を条文見出しも含めて記載する。次の、

「　（趣旨）

第一条　この規則は、総合研究大学院大学学則（平成一六年学則第一号。以下「学則」という。）第四三条の規定に基づき、総合研究大学院大学（以下「本学」という。）における学位論文の審

査及び試験の方法並びに修士の学位授与の要件その他本学が授与する学位について必要な事項を定めるものとする。

（授与する学位）

第二条　本学が授与する学位は、博士の学位とする。

2　前項の学位に付記する専攻分野は、「学術」、「文学」、「理学」、「工学」、「統計科学」、「情報学」、「脳科学」又は「医学」とする。

（博士の学位授与の要件等）

第三条　前条に規定する博士の学位は、本学の研究科に所定の修業年限以上在学し、所定の単位数以上を修得し、かつ、必要な研究指導を受けた上、博士論文の審査及び試験に合格して、その研究科を修了した者に授与する。

2　前項の規定に基づき、本学が授与する博士の学位には、その学位を授与される者が修了した研究科の専攻（以下「専攻」という。）の区分に応じ、次の表に掲げる専攻分野を付記するものとする。（次の表は略）

（学位授与の取消及び公表）

第二三条　本学の学位を授与された者が、不正の方法により学位の授与を受けた事実が判明したときは、学長は、研究科教授会の意見に基づき、その学位の授与を取消し、学位記を返還させ、かつ、その旨を公表するものとする。

2　研究科教授会において前項の意見に係る議決をする場合は、研究科教授会構成員の三分の二以上の出席を必要とし、かつ、出席者の三分の二以上の賛成を必要とするものとする。ただし、出張を命じられた者、長期療養中の者その他研究科教授会がやむを得ないと認めた者は、構成員の数から除くものとする。

（雑則）

第二五条　この規則の実施に関し必要な事項は、学長又は研究科が別に定める。」

というものである。

5　大英博物館春画展図録への論文不正

（一）外国美術館における春画の実在と春画展

（1）外国美術館における上村松園作春画実在の意味

外国美術館の巨星である大英博物館が真作の上村松園作春画を収蔵しているのではないかとの期待があった。春画には木版画春画と肉筆画春画があるが、木版画春画ではなく真作の上村松園作肉筆画春画が「実在」すれば春画商売には最適という期待である。研究者兼古美術商リチャード・レインが外国文の著作に新版画の期待の画家として上村松園を登場させたが、上村松園が新版画はおろか春画にも手を出した形跡がなかった。外国人研究者が主体になって構築した日本の明治時代春画史ではあるが、そこにも上村松園作春画の存在感が乏しかった。文化勲章受章者である女性画家上村松園作の春画は、小説の文中は別にして、学術研究の春画においては実在しなかった。実際にも大英博物館には女性画家上村松園作の木版画春画と肉筆画春画の収蔵はない。それでも好事家向けの雑誌や春画書籍には、上村松園作春画の実在を煽る記事が期待を込めて掲載された。しかし、これは学問研究へそのまま持ち込める学術成果ではなく、これを掲載した書籍は学術文献ではない。

（2）外国美術館における春画展

外国美術館が春画を収蔵し、その収蔵品が同館の図録に掲載されていたら、当該春画の「実在」は確固たるものがある。『米国ボストン美術館図録別巻春画名品選』（二〇〇一・平成一三年講談社）に収録の肉筆画春画の数々は、本家日本で流行を先駆けた『肉筆春画』（二〇〇九・平成二一年別冊太陽平凡社）にも劣らない実在が看取される。時には春画雑誌等に「海外流出名品春画の里帰り」と銘打った記事があり、これにそれらしい春画が登場するが、春画雑誌等の春画掲載と解説では、春画の実在が確固たるものというわけにはいかない。外国美術館や名のある収蔵者等からの収蔵品が日本に帰ってきたかのように装う贋作の肉筆春画の存在は周知のことである。

平成年代に入ってから、外国美術館において春画展が開催されることが多くなってきた。そのうちで有名な春画展は、

①平成元（一九八九）年一〇月五日から一二月三日まで開催のベルギーブリュッセル・イクセル美術館「春画：春のイメージ―日本版画におけるエロティズム」展

②平成一四（二〇〇二）年一一月二〇日から翌一五（二〇〇三）年一月二六日まで開催のフィンランドヘルシンキ・ヘルシンキ市立美術館「春画―秘めたる笑いの世界」展

③平成二一（二〇〇九）年一〇月二一日から翌二二（二〇一〇）年一月三一日まで開催のイタリアミラノ・ミラノ王宮博物館「春画：江戸時代の日本の芸術とエロス」展

④平成二一（二〇〇九）年一一月五日から翌二二（二〇一〇）年二月一四日まで開催のスペインバ

ルセロナ・ピカソ美術館「秘められたイメージ：ピカソと春画」展

⑤　平成二五（二〇一三）年一〇月三日から翌二六（二〇一四）年一月五日まで開催の英国ロンドン・大英博物館「春画ー日本美術における性とたのしみ」展

がある。この外国美術館春画展は、春画展の図録を実見すると、展覧した春画とその制作画家の同定につき疑念の存する例があるとともに、春画を対象とした展覧会の成立そのものが外国人美術家の独占分野であり、日本人研究者が主体的に参入する余地が乏しいようである。ベルギーブリュッセルで開催の春画展はヨーロッパ最大の文化祭ユーロパリア開催年の催事のようである。菱川師宣から富岡永洗までの画家の春画を展覧しているが、参考文献として図柄中心の日本人研究者や米国人研究者兼古美術商リチャード・レインらの書籍が目立っている。ヘルシンキで開催の春画展は山口県出身の女性プロデューサーが同県と連携のあるフィンランドヘルシンキとの交流をプロデュースして春画展へと進展したようである。イタリアミラノで開催の春画展図録は、冒頭に英国人美術史家ヒリアーと右のリチャード・レインの氏名を掲げて謝辞を呈しており、外国人所蔵の明治大正期の画家池田輝方の木版画春画を掲載している。スペインバルセロナで開催のピカソ展は展覧の主体がピカソ画であるため従たる春画を適宜改作して構成されているようである。そんな状況下において、鈴木学位論文の審査委員である早川聞多教授はヘルシンキ市立美術館展とピカソ美術館展の解説で協力しており、白倉敬彦国際浮世絵学会理事はヘルシンキ市立美術館展の企画と図録制作で協力していた。そこへ鈴木堅弘による大英博物館図録へのデータ捏造による論文不正が発生した。これの海外各地で活躍している日本人研究者に与える影響の有無とその程度は、現在不明であるが、それが不明であること自体が問題なのではなかろうか。

（二）大英博物館春画展図録への捏造データによる論文不正

（1）大英博物館春画展図録への論文不正の発覚と資料

大英博物館春画展が平成二五年一〇月三日から翌二六年一月五日まで開催された。この春画展は平成二一年から開始された国際春画研究プロジェクトの研究成果に基づいている（石上阿希「大英博物館特別展開催と国際シンポジウム」『浮世絵芸術』一六七号）。同春画展の図録は、四年にわたる国際春画研究プロジェクトの成果であり、大部で精緻な内容の図録である。

前回通報の調査の際、インターネットで上村松園作春画の記事や広告を見るようになり、「第二部鈴木学位論文に係る大学学位規則に基づく学位授与取消の通報関係資料」中の「日本国内外における上村松園作と称する春画の諸問題」において、「最近になって、国内で刊行・販売された日本語・外国語による春画文献や図録に、それまでにはなかったのに、俄に上村松園作春画の存在を示唆する記述が現出した」と記述してそれへの危惧を表明しておいた。この文中の「図録」とは、主として英国美術館学芸員ロジーナ・バックランド執筆の論文を掲載した大英博物館春画展図録・図録日本語版のことである。鈴木堅弘著『春画論―性表象の文化学』や石上阿希著『日本の春画・艶本研究』が参考文献としてロジーナ・バックランド執筆の国際日本文化研究センター（日文研）の『ジャパンレビュー』特集号の論文を指摘しているので、日文研論文も入手して多少の検討を行っていた。日文研論文は、その論文要旨によると「写真やリトグラフといった競合するメディアが台頭し、木版の地位を奪っていった」と木版画春画の終焉を論じる学術文献である。

その後ロジーナ・バックランドの日文研論文と大英博物館春画展図録・図録日本語版に掲載の論文とを精密に対照して検討を進めるうちに、原図録と図録日本語版の共に四六二頁にそこに至る論旨とは画然と異なる短い「文章」が存在しており、他方この文章がロジーナ・バックランドの日文研論文には存在していないという不思議な現象を発見した。これが、後に捏造論文データだと判明した文章である。結局この現象により、ロジーナ・バックランドの日文研論文は鈴木堅弘が論文不正を敢行する前の不正行為の土台になった論文であり、原図録と図録日本語版の論文が論文不正により改変された文章であることが判明したのである。

この経過で、大英博物館図録への捏造データによる論文不正が発覚し、資料収集ができた。そこで、鈴木堅弘による大英博物館春画展図録への論文不正の資料を標示すると、

① ロジーナ・バックランド著「明治期の春画」『ジャパンレビュー』特集第二六巻（二〇一三年日文研）

② 大英博物館『大英博物館春画展図録』（二〇一三年大英博物館）

③ 矢野明子監修『大英博物館図録日本語版』（二〇一五年九月小学館）

である。

（2）論文不正の開始

鈴木堅弘は、学術博士の不正授与を受けた後もそのまま大英博物館春画展準備に従事し図録作成に当たることとなった。これこそが、鈴木堅弘にとっては望外の機会である。同鈴木は、同図録に自ら執筆しティモシー・クラーク英訳により小論文「日本の性器信仰：守り神・縁起物・絵馬」を掲載す

る運びとしていたが、かねて贋作の「上村松園作肉筆春画帖」に対する批判と自身に寄せられた批判とを除去しようと決意していたので、その方策を考案するうちに併せて自己の春画学説にも役立つようにもしたいと考え、文化勲章受章者である画家上村松園に同じく文化勲章受章者であり、その制作春画が強く期待されている画家鏑木清方を組み合わせて、贋作上村松園作肉筆春画帖に対する批判を和らげながら自己に対する批判を終わらせようという論文不正の方針を固めたのである。論文不正の手法については、それを取り上げる論文を書き下ろすことはできないので、ロジーナ・バックランドが執筆する図録の「明治期の春画」に加筆する形式で実行すると決めた。

鈴木堅弘の論文不正の捏造データ作業時期を検討してみる。大英博物館春画展図録の実際の作業日程が判明する公開資料が見当たらないので、ロジーナ・バックランドの日文研論文が掲載された『ジャパンレビュー』特集号の発行日を「二〇一三・〇九・〇六」としている日文研の公開資料をこの際の基準にして検討する。論文の査読や印刷等の日数を概算すると二〇一三（平成二五）年初夏までには同論文原稿が日文研の編集者に到着していたものと推認される。この初夏には鈴木堅弘の捏造データの文章は、十分に固まっておらず、それより少し経てから図録の論文執筆者のロジーナ・バックランドや邦訳する監訳者矢野明子と協議ができ、秋頃には図録編集全体の作業に組み込まれることができたものであろう。鏑木清方の生年「一八七八年」を「一八八七年」とする誤記が残存したままになっていることから、同鈴木と論文執筆者、邦訳者の間には何かよそよそしい言動が窺われるので、捏造データ作業は作業量が長期間を要する種類ではないことを勘案すると、二〇一三（平成二五）年秋頃には同鈴木が主導する捏造データの論文不正作業が完遂されたことであろう。

ロジーナ・バックランド執筆の大英博物館春画展図録の「明治期の春画」への鈴木堅弘の論文不正の実際作業は、図録の原注をそのままにしておき、注番号（二九）の直後に約七行の文字数の文章を無理に挿入して実行された。この挿入作業を行った結果として、後方にあった「結論」の文字が押しやられて消失し、論文不正が実行された形跡を残存している。後日に刊行された図録日本語版で不正作業を確認すると、その「結論」の文字が消失しないように調整されている。この調整を実施できる人物は、後記するとおり図録日本語版の「校閲者」である鈴木堅弘その人に特定される。

（3）捏造データの創案と典拠

鈴木堅弘が、捏造データを創案するに当たり参照した書籍には多様なものがあろうが、まず手にする書籍としては、東大路鐸『浮世絵明治の秘画特装版』（昭和五二年画文堂）が想定される。これが捏造データ創案の基礎的な典拠の書籍であろう。この書籍は、前回通報の第一次春画終焉仮説の検証において、武内桂舟作「夜ざくら」図一五の春画一枚の内容確認をした際に検討したが、鈴木堅弘も参考資料としてよく利用している。同書の四四頁には、「肉筆文様尽秘画絵巻」との標題で、「版本の挿絵があり、続いて一枚摺の版画が出来て浮世絵はひろくゆきわたったのであるが、その以前から、その以後も、肉筆は特に需められて描きつづけられた。そして特別に秘画の巻物は公家、大名、旗本、町家ならば豪商の人びとが、うぶな娘を嫁に出すときの持ち物に加えさせようと、特に絵師に依頼したものである。絵本出来の版画とちがって、肉筆は、まさに天下に一品の現品限りであるところに、その価値もある。」

と肉筆画春画について概論風な解説があり、続けて、

「伝・渡辺省亭、井川洗涯もある。大正になって鏑木清方、伊東深水、上村松園の肉筆秘画の絵巻・画帖もある。」

と画家の紹介に移っている。この書籍は、同書が紹介する肉筆画春画は、明治期では伝・渡辺省亭と井川洗涯であるとし、大正期では鏑木清方、伊東深水及び上村松園を記載している。この記載で注目されることは、鏑木清方と上村松園が大正期に記載されていることである。鈴木堅弘の学位論文における主張では、上村松園は明治期の女流絵師であるので、これが大正期では主張の論理構造が破綻してしまう。仕方がないので、この大正期の記述を無視するほかないことになる。

同書には最終頁の後ろに小型の八枚組の春画を大版の一枚紙の用紙に印刷した春画が貼付してある。この春画は、一見して木版画であり、猥褻物取締回避のための修整が済んだ粗末なもので優美な肉筆画春画絵巻からの印刷物とは見えない代物である。春画には落款はなく、外見からは真贋不明の春画である。この一枚紙の印刷用紙の右隅に説明文が印刷して記載されている。説明文の記載は、「浮世絵明治の秘画特装版・特別添付『懐中まくら草紙』伝水野年方画・昭和五二年二月一五日（限定五百部）原寸複製・非売品」というものである。この「伝水野年方画」との記載だけでは、制作者を水野年方と同定するのは困難である。この「浮世絵明治の秘画特装版」は、その後の昭和五三年四月一五日と同五五年七月一五日に改訂版が刊行されたが、改訂版はいずれも特別添付「懐中まくら草紙」伝水野年方画の春画の貼付がない。一回限りの春画印刷紙の貼付で終了した事情が判明する資料は、右の二回の改訂版書籍を綿密に点検したが存在していない。

日文研図書館は、平成二一年一〇月二一日から翌二二年一月三一日までイタリアミラノで開催の春画展の図録を収蔵して公開している。この図録には、外国人所蔵の明治大正期の画家池田輝方の春画が掲載されている。これは解説文と図柄から木版画春画であることが明白である。春画の作成時期は記載されていない。ある時期に大学収蔵図書のことで同図書館に照会した際、研究室へ貸出し中との回答を受けたが、鈴木堅弘は長期間にわたり図書館から研究室へ貸出し中の図録類を閲覧したことがあり、ミラノで開催の春画展図録を読了し、画家池田輝方作成の春画の知識を得たものとみられる。『浮世絵明治の秘画特装版』及び外国美術館春画展図録を典拠とした捏造データ創案の過程を検討してみると、鈴木堅弘は、捏造データの対象者としては上村松園・鏑木清方の両名に狙いを付けているが、これに加えるべき肉筆画春画の制作者を発見できなかったため、木版画春画に名前の出た水野年方と池田輝方を加えることにし、対象者を計四名とする捏造データを創案したものと認められる。

（４）捏造データの内容と典拠

論文不正の内容をなす捏造論文データの文章の全文は、原図録と図録日本語版の邦訳をそのまま引用すると、

「日本画の分野でも、鏑木清方（明治十一～昭和四十七年／１８８７（誤記、正しくは１８７８）－１９７２）、水野年方（慶応二～明治四十一年／１８６６－１９０８）、池田輝方（明治十六～大正一〇年／１８８３－１９２１）、上村松園（明治八～昭和二十四年／１８７５－１９４９）らの若い画家が、引き続き性に主題をとった作品を制作したが、それらの作品が富裕な個人のパトロンからの注文制作だったことを特筆しておこう。つまり春画享受の態様は、一七世紀前半（江戸時代初期）のまだ版画による春画が台頭してくる以前のような、世にひとつしかない肉筆春画が上層階級

の所有に帰すというところへ、長い時を経て一巡したのだった（82ページ図版15参照）。」

というものである。

この文章を正確に分析するため、段落に分けてみる。段落は、
①「日本画の分野でも、」
②「鏑木清方、水野年方、池田輝方、上村松園らの若い画家が、」
③「引き続き性に主題をとった作品を制作したが、」
④「それらの作品が富裕な個人のパトロンからの注文制作だったことを特筆しておこう。」
⑤「つまり春画享受の態様は、一七世紀前半（江戸時代初期）のまだ版画による春画が台頭してくる以前のような、世にひとつしかない肉筆春画が上層階級の所有に帰すというところへ、長い時を経て一巡したのだった（八二頁図版一五参照）。」
という五段に区切ることができる。

そこで、各段落ごとに、順次検討する。
①「日本画の分野でも、」については、
原図録の英文は「伝統的な肉筆画」の意味であるから、邦訳文は「肉筆画春画の分野でも、」と正確に訳出するべきである。これで、捏造データの対象春画が首尾一貫して肉筆画春画と確定する。
②「鏑木清方、水野年方、池田輝方、上村松園らの若い画家が、」については、
画家氏名は『季刊浮世絵三四号』（昭和四三年八月一五日発行）記載の吉田暎二執筆「明治の浮世絵美人画」の記事からも月岡芳年の弟子筋を確認した上、月岡芳年の弟子筋から文化勲章受章者鏑木

清方を先頭にしてその先輩水野年方と後輩池田輝方を選定したようである。文化勲章受章者の上村松園が氏名順で最後になっているのは、上村松園を目立たなくするとともに、『浮世絵明治の秘画特装版』の氏名記載の順序に従ったとするためであろう。画家氏名を「若い画家」と一括りにし、各人の氏名に出生から没年までが書き添えられているので、右四名全員が明治期の若い画家と錯覚させる文章であるが、慶応二年出生者と明治一六年出生者が混在しているので、これを若い画家という基準で括ることには無理がある。鈴木堅弘は「上村松園作肉筆春画帖」が明治八年出生の上村松園が二二歳である明治三〇年頃の若い時期に作成したと主張している。しかし、明治三〇年を若い画家の基準にとると池田輝方はその時の年齢が一四歳であり、春画を描いたとするには無理がある。しかし、右四名を若い画家で括るのに無理があっても典拠が一応備わっているので、上村松園と鏑木清方を捏造データの中心画家に置き、木版画春画の水野年方と池田輝方は添え物程度の役割を担当させる計画を立て右四名の氏名表をまとめたものと理解される。いずれにしても虚構の画家の氏名表であることを十分に認識しておかねばならない。

③「引き続き性に主題をとった作品を制作したが、」については、

「引き続き性に主題をとった作品を制作したが、」の記述であるが、ここにおける春画は肉筆画春画に限定されるので、『浮世絵明治の秘画特装版』とイタリアミラノで開催の春画展図録を参照して肉筆画春画の制作履歴を確認する。鏑木清方は制作履歴なし、水野年方は伝水野年方画の木版画春画の「懐中まくら草紙」があるが肉筆画春画の制作履歴なし、池田輝方はイタリアミラノで開催の春画展図録に木版画春画があるが肉筆画春画の制作履歴なし、である。

上村松園はやや複雑である。鈴木堅弘は、前回通報の資料である「第二部の通報関係資料」で引用する「四第二次春画終焉仮説の検証」中の「（一）鈴木論文の記述」において、

「またこうした特徴を端的に表しているのが、明治の女流絵師・上村松園が描いた『肉筆春画帖』である。（略）もっともこの上村松園による『肉筆春画帖』は肉筆画であり、公への出版を目的としたものではない。そのため、松園自身が身体デッサンを試みるために私的に描いた粉本画帖である可能性は否定できない。」

と記述している。これによると、松園自身が身体デッサンを試みるために「私的」に描いた粉本画帖であるとする。粉本画帖とは、描画例集であるに過ぎず、それが肉筆画春画の制作とは断定できない。上村松園も制作履歴なしである。したがって、肉筆画春画の制作履歴としては四名の画家全員につき「引き続き性に主題をとった」作品を制作したとの事実はなく、制作履歴なしである。

この③段落の「引き続き性に主題をとった作品を制作したが、」というさりげない記述が、論文不正の内容をなす捏造論文データの文章の核心部分である。この「引き続き」と「性に主題をとった作品を制作したが、」という二個の虚言を一組に組み合わせた虚構の文辞は、「鏑木清方、水野年方、池田輝方、上村松園らの若い画家が、」制作した肉筆画春画の「実在」を主張する鈴木堅弘流の詭弁であり、何気なく読み飛ばされるこの複合した虚構の文辞こそは、詭弁の正体であるのである。

④「それらの作品が富裕な個人のパトロンからの注文制作だったことを特筆しておこう。」は、①から③までの段落を取り纏めており、これについては、

鈴木堅弘は、この④段落において、肉筆画春画の制作履歴のない鏑木清方、水野年方、池田輝方及

び上村松園の氏名を明記した画家四名が、富裕な個人パトロンからの注文によりそれぞれが肉筆画春画を制作した旨の事実を主張し、この主張を「特筆」するとしている。そこで、この事実主張に対応する証拠関係を分析し、その主張が証明され得たかについて検討する。証拠物としては、既に存在が判明しているものは、雑誌季刊浮世絵八四号掲載の「上村松園作肉筆春画帖」、『浮世絵明治の秘画特装版』に貼付の『懐中まくら草紙』伝水野年方画の木版画春画及びイタリアミラノで開催の春画展図録に掲載の画家池田輝方の木版画春画がある。しかしこれについては、鈴木堅弘は何も言及していない。また、同鈴木が特筆した富裕な個人パトロンからの注文の肉筆画春画現品が存在しているはずであるが、この注文肉筆画春画現品については、それの存在や所蔵者についても何も言及していない。事実主張の証明は全くなされていないのである。実は、この富裕な個人のパトロンからの注文制作なる特筆した文辞には、別の「種本」が存在しており、それを単に利用しただけのことに過ぎないのである。それの詳細は後記するが、大英博物館が収蔵する一七世紀初めの絵師未詳（京狩野派）の紙本着色一巻全一二図の肉筆春画絵巻を解説した論文中の一文がそれである。同解説は、実在する肉筆春画絵巻一巻の解説文であるのに、それを鏑木清方・水野年方・池田輝方・上村松園の四名制作の肉筆画春画の全部にそのまま利用しており、それを「特筆」と称していたことが判明した。右の経過により、右四名の画家が肉筆画春画を制作したとの事実そのものが捏造のデータに過ぎないと判明する。右四名制作の肉筆画春画が「実在」するという主張の立証責任は、鈴木堅弘に専属しているが、同鈴木は、その現物の実在を即刻立証しなければならないのに、それを実施していないのである。

そこで、現実の「富裕な個人のパトロン」に該当する者の一覧表が存在するが、これに基づいて事実調査を実施できるかについて検討する。画文堂の前身である緑園書房では、『季刊浮世絵一〜五及び七号』（昭和三七〜三九年発行緑園書房）に金子孚水作成の「浮世絵愛好者番付表」なる春画愛好・購入者一覧表とその人物紹介記事を掲載していた。これは、明治期以降の春画愛好者が一枚紙の番付表形式の表に納められているものである。最終的には人物紹介が未完に終わった連載であるが、春画愛好者の人物描写には興味が尽きない。問題は、そのような秘密の程度が極めて高度な個人情報が充満している特異な資料に関し、現時点においてその関係者や遺族等に対し、「鏑木清方、水野年方、池田輝方、上村松園らの若い画家」への肉筆画春画制作の注文納品等の事実照会をすることが法的に可能であるかという問題である。これについては疑問点が多くあり過ぎる。時には刑事法により問責される場面が生じる恐れがありそうである。この「富裕な個人のパトロン」の観点からの事実調査は、実施不能であると考えるのが適切であろう。

⑤「つまり春画享受の態様は、一七世紀前半（江戸時代初期）のまだ版画による春画が台頭してくる以前のような、世にひとつしかない肉筆春画が上層階級の所有に帰すというところへ、長い時を経て一巡したのだった（八二頁図版一五参照）。」に移る。これについては、

④段落が①から③までの段落の取り纏めであったが、再度これと同様な観点から全体の捏造データの内容を取り纏めるとともに、典拠を示している。この段落の典拠は、文末にある「八二頁図版一五参照」と指示された論文と図版であり、これが公式の典拠である。

公式典拠である原図録の八二頁図版一五を検討する。原図録六二頁から九一頁までに矢野明子執筆の「浮世絵以前の肉筆春画」という標題の長文の解説文と春画番号一〇から一九までの図版の資料が

ある。この長文の資料は複数の小論文より構成されている。標題が図録八二頁図版一五の資料とは、その小論文の一つであり、ティモシー・クラーク執筆で早川聞多訳「欠題春画絵巻一七世紀初め」と題する大英博物館収蔵の一七世紀初めの肉筆春画絵巻である図版一五に関する解説資料である。この図版一五は、絵師未詳（京狩野派）の紙本着色一巻で全一二図の肉筆春画絵巻であり、図録八二・八三頁に第一図から第三図までが掲載され、残りの第四図から第一二図までが図録末尾に掲載されて図録の有終の美を飾っている優美でその施された金箔が眼を惹く作品である。この解説は、研究者兼古美術商リチャード・レイン著『浮世絵の初期絵巻』（昭和五四年二月画文堂出版）を引用して論じており、解説の文中には、

「版画の春画本が現れはじめる一六五〇年代以前のものと推測される。

これは、上流の裕福な後援者（パトロン）のためにつくられた作品である。

画家たちは疑いなく、今はなき原本から写した粉本の構図に基づいて描いているように見える。」

との記述がある。この「上流の裕福な後援者（パトロン）のためにつくられた作品である。」という記述が前記$段落の説明で「種本の存在」と記載した文辞である。この解説のうち「版画の春画本が現れはじめる」というあたりの記述は、初期版画と春画木版画を研究したリチャード・レイン責任編集と題する『新篇初期版画枕絵』（平成七年一一月学習研究社出版）を参照したものである。

⑤段落の「つまり春画享受の態様は、」から始まり「長い時を経て一巡したのだった」と終わる文章は、公式の典拠「八二頁図版一五参照」の解説文の文辞と捏造データ創案の典拠とした『浮世絵明治の秘画特装版』の文言を程よく修飾しているが、これは、単に論文不正のための捏造データに過ぎ

ない。画家鏑木清方・水野年方・池田輝方・上村松園の四名制作の肉筆画春画の全部が虚偽であり、⑤段落の文章に信用を措くことができないのである。

以上のとおり、①から⑤までの各段落ごとに順次検討してきたが、鈴木堅弘が、画家上村松園と画家鏑木清方・同水野年方・同池田輝方が肉筆画春画を制作したことがないのにこれがあるような虚偽の内容の解説文を捏造し、大英博物館春画展図録に記載する論文不正を敢行したことは明らかに認められる。同鈴木がこの論文不正により右四名の画家が制作した肉筆画春画が実在するとの虚構の春画学説を流布したことも、疑問の余地なく認められるのである。

（5）大英博物館図録日本語版への論文不正

大英博物館図録日本語版における論文不正は、邦訳原本である大英博物館図録の論文不正と同時に調査した。原図録は英文で大部なものであり、図録日本語版にはその訳読で助力を受けた。記述の最後まで読了して日本語版奥付に眼をやり、監修者以下諸氏の氏名を熟読した。その氏名役職中に「校閲」と記載された鈴木堅弘の氏名がある。鈴木堅弘は、平成二四年六月一五日に博士論文審査出願をしており、出願書類中に本人が記載した履歴書がある。情報公開で開示の履歴書写に、「研究活動」として「二〇一一年二月」に「ロンドン大学・SOAS国際浮世絵プロジェクト・メンバー員に加入、二〇一三年度・大英博物館春画展への準備・研究調査活動」との記載があることについては前述したとおりである。同鈴木は、博士論文審査出願の一年以上も前から国際浮世絵プロジェクト・メンバー員に加入して大英博物館春画展の準備に携わっていたことを自認している。その活動の軌跡が大英博物館図録日本語版の「校閲者」の立場に明示されている。鈴木堅弘により原図録及び図録日本語版への論文不正が敢行された事実は、この日本語版奥付が明らかにしている。

6　論文不正の諸問題

（一）贋作春画による不正博士授与の栄誉と真作保証

贋作春画による博士学位の申請において、贋作である春画利用の大小・多寡を問わず論文不正を構成することについては異論の余地がないであろう。春画を学位論文の対象とした事例は鈴木学位論文に先立ち立命館大学の博士論文の一例が存在している。立命館大学大学院文学研究科日本文学専攻石上阿希の学位論文「近世期春画・艶本研究の一試論」と題する二〇〇七年度（平成一九年度）博士論文については、鈴木学位論文と同様に国会図書館の資料複写により論文の必要箇所を入手し、公開情報からも資料を入手して検討した。この論文の研究態度は、贋作春画を真作と偽って論文データを作出することのない正常な論文である。その故に、鈴木学位論文のような贋作春画に対し真作保証を随伴する難問題がなく、例えば春画の鈴木春信画「風流座敷八景」では真作の姿として受け止めておいた。この学位論文は正規な論文作法に則っているので、立命館大学大学院授与の栄誉はそのまま栄誉として誇り高いのは当然であるとともに、真作保証は何処にも発生しておらない。この学位論文が基となった石上阿希の著作『日本の春画・艶本研究』は、二〇一五（平成二七）年二月平凡社より刊行された。

（二）論文作成における資料吟味

論文資料は、一般的に論文のデータと呼称されるが、本件鈴木学位論文のように学位取得のための学位論文データもある。論文資料の吟味を考えてみる。鈴木堅弘著『春画論－性表象の文化学』五六〇頁の注記（一二）に鈴木堅弘の論文資料吟味についての意見が披瀝されている。同書の五五六頁に「昨今の言説では、春画研究が本格的になされるのは近年の約二十五年間であると声高に主張されるが、それは誤りである。」との記述があり、そこに注番号（一二）が挿入されており、五六〇頁の注記（一二）に接続している。その注記に至った経緯は記載がなく不明であるが、春画研究史や春画修整についての論争があり、資料吟味も論議の対象になり、鈴木堅弘が自己の意見を述べたものかと推測される。同注記の全文は、

「こうした言説がなされる背景には、先験的にアカデミズムの概念が横たわっており、ひいては学術的枠組みが春画研究史までも曇らせている。また奇妙な話だが、春画の出版物に「ぼかし」が施されているために春画研究が本格的に為されなかったとする説もみられる。しかし、そもそも林美一をはじめ雑誌『季刊浮世絵』（浮世絵保護研究会）に寄稿した多くの春画研究者は、春画・艶本の実物を実見したうえで論考を執筆しているのであって―でなければ図版掲載などできない―、研究結果に「ぼかし」の有無などはむろん関係ない。」

という記述である。

記述全文の前半分は、春画研究史の関係であろう。ここの「ぼかし」とは「春画の修整」の意味であろう。ぼかしは、木版画の摺りの技法をいうのが一般であるが、前回通報の資料として検討した季刊浮世絵八四号読者通信「秘画修整の内証史Q＆A」の回答標題にある「修整」の文字に「ぼかし」とルビが施されているように、画文堂では修整を示す文字としてぼかしを使用することが定着していた。

記述全文の後半分は、論文資料吟味についての鈴木意見であり、

「しかし、そもそも林美一をはじめ雑誌『季刊浮世絵』（浮世絵保護研究会）に寄稿した多くの春画研

究者は、春画・艶本の実物を実見したうえで論考を執筆しているのであって—でなければ図版掲載などできない—、」

と記述している。鈴木堅弘の資料吟味は、一般にいう雑誌記事等の「孫引き」や「丸呑み」であり、果たしてこれで博士学位論文における資料の吟味と言えるのであろうか。それを、世界的に著名な英国のフィリップス他一名著邦訳角谷快彦『博士号の取り方』により確認してみる。同書籍の第六版邦訳書四三頁に、同書の視点からの学生と指導教員向けの資料吟味が教示されている。博士論文作成におけるデータの吟味とは、修士論文におけるデータ吟味とは全く異なり、論文筆者自身が緻密かつオリジナリティー豊かにデータを吟味することであるとしている。これに対して、鈴木堅弘のデータ吟味とは、データ作成者を信頼するだけの「孫引き」や「丸呑み」であり、自らデータ吟味を実践することのない研究態度であると判明する。

(三) 雑誌の上村松園作肉筆春画カラー写真と贋作立証

雑誌季刊浮世絵八四号の奥付を眺めると、「昭和五六年(一九八一年)一月五日発行定価二千八百円送料二百円、株式会社画文堂」とある。その一一頁から二五頁に「カラー鑑賞」という春画をカラーで楽しむ記事のお目当ての春画一六枚の写真が並んでいる。その一一頁から二二頁までの春画一六枚から四枚の新作を除いた一二枚の「上村松園作肉筆春画」なる猥褻物取締回避のための「修整済春画」は、鈴木学位論文の「論文データ」そのものなのである。この論文データから鈴木学位論文不正案件が始まった。この季刊浮世絵八四号は、現在でもネット古本屋に価格一冊五百円から数千円の古書価格で市販されている。

この雑誌の上村松園作肉筆春画カラー写真について真作春画であることを立証する責任は、鈴木堅弘に専属している。しかし、鈴木学位論文は立証責任を果たしていない。立証責任を果たさないデータは、所定の博士論文審査の対象にはできない。同カラー写真を真作春画と証明することには、そのように重大な責任があるのである。逆に同カラー写真を贋作と証明する責任、つまり贋作証明責任は誰も負っていない。法的には贋作証明責任という概念が存在しないのである。ともすると真作証明の逆である贋作証明ができるかということに関心のある人達が存在する。贋作春画を真作春画であると誤魔化したい人達も存在する。そんな人達との関係において雑誌のカラー写真について贋作であることを証明することが必要になることもあろう。その意味から同カラー写真が贋作であることの証明を考えてみる。一般に贋作であることの証明は困難であるとされる。最近利用される科学的方法による真贋鑑定によっても、雑誌の印刷写真について、その原本の真贋を判定することはまず無理であろう。しかし、どうしても社会生活でその真贋鑑定が必要なことがある。犯罪が関係する場合がそんな適例である。そこに着眼すると、犯罪捜査や刑事事件公判技法が役に立つかもしれないと期待される。雑誌季刊浮世絵八四号のカラー写真では、昭和四八年四月一二日最高裁第一小法廷の刑事判例に着眼して犯罪捜査・公判技法により、贋作であることを立証し難題を解決することができた。その精度は、刑事裁判における犯罪事実証明の精度に合致する贋作事実の立証ができたのである。

7 総合研究大学院大学が被った贋作「上村松園作肉筆春画」の真作保証による汚名と責任

（一）贋作「上村松園作肉筆春画」の流布と総合研究大学院大学の真作保証による汚名

本案件における贋作の「上村松園作肉筆春画」には二種類のものがある。その最初の種類としては、平成二四年に昭和五六年発行の季刊浮世絵八四号の春画カラー写真一二枚が鈴木学位論文の論文データとして使用された。次にその二番目の種類としては、昭和六〇年三月季刊浮世絵が終刊後に春画カラー写真を含む原画類が散逸し、昭和六〇年から翌六一年頃に日本芸術出版社・東洋芸術院・浮世絵研究会の出版販売者三社が「肉筆春画帖」として販売したものがある。

これらの流布の状況を述べる。最初の種類では、季刊浮世絵八四号の出版販売数から算出されるが、鈴木学位論文に使用された時点において既に中古雑誌であった季刊浮世絵の販売状況資料は不明であり、新刊雑誌で販売された際の画文堂の発行冊数は、一般書籍で三百冊のものが多かったので、その購入者の数倍程度の春画愛好者が存在したと仮定し、中古雑誌であるので少な目にみて日本国内で三百冊までと推測しておくことにする。二番目の種類である出版販売者三社による肉筆春画帖の販売では、「第二部鈴木学位論文に係る大学学位規則に基づく学位授与取消の通報関係資料」中の「昭和六〇年から翌六一年にかけて肉筆春画帖が市販された状況」において一応の取り纏めをしてあるがその一社ごとの肉筆春画帖販売数を三百冊として合計九〇〇冊としておくことにする。

ところで、この種類の数値の合算は有意味ではないので、結局、贋作「上村松園作肉筆春画」の流布は、総数九〇〇冊が流布されたと推測するに止めることになる。したがって、贋作春画を使用した不正学位授与に随伴して専門大学院の権威を背景にする贋作の上村松園作肉筆春画に対し真作保証が発生したので、総研大には実質的に「汚名」が生じたものと認められ、上村松園作肉筆春画についてみれば、それが単に一冊の量ではなく、総数九〇〇冊にも相当する莫大な量の総研大の「汚名」が生じたと算定できることになる。

（二）総合研究大学院大学の教育研究責任

鈴木学位論文不正案件は、雑誌掲載の「上村松園作肉筆春画」を利用し、真実の上村松園一名とその真作春画を以て自己の仮説を立証するように装い、論文データを捏造して論文不正を実行した不正学位授与案件である。総合研究大学院大学倫理綱領は、平成一七年四月に制定されて以来、複数の研究機関を一体化して教育研究する高等教育機関である総研大において論文不正に対処する実定法として運用されてきた実績を有しており、とりわけその第一・二項は、

「一、総合研究大学院大学は、その教育研究活動を通じて、基礎学術の発展に先導的な役割を果たし、以って人類の福祉に貢献するべきである。

一、総合研究大学院大学の教員ならびに学生は、大学設立の趣旨に則り、その教育目的実現に向けて勉励するべきである。」

と規定している。倫理綱領を適用判断すると、本案件の日本国内における大学教育研究責任は重く、その毀損は深刻であることに加えて、外国に所在する博物館図録へ贋作春画に対する論文不正まで敢行しており、現に世界規模の被害を生じさせているのである。総研大は、自身が総合研究大学院大学に刻した「汚名」を除去しなければならない。

8　今次規程違反告発への対処と鈴木学位論文の現況

（一）今次規程違反告発への対処

（1）学位取消における実施規程類不備の制度的欠陥

この学位取消における実施規程類の整備については、インターネットで相当数の国立大学法人を検

索してみると総研大にはその不備である制度的欠陥が認められるが、情報公開請求に対し総研大では「該当する文書なし」として不開示としている。法的な欠陥の有無については、まずは国民の批判を仰ぎ、次に文部科学行政が所管行政庁の判断を示し、最終的に訴訟により帰結されることではあるが、当面は全学的な問題としての検討が必要である。これが放置されている事実自体が、総研大の国立大学法人内における後進的な教育研究体質を顕示していると言える。速やかに検討することが望まれる。

（2）今次告発処理手続

前回通報に際して、総合研究大学院大学文化科学研究科長が予備調査報告を作成した。同報告は、その手続及び内容において複数の劣悪な問題事項を露呈している。今次告発の処理においては、前轍を踏むことなく規程の定める予備調査委員会から研究活動不正行為調査委員会へと複数者による透明で民主的な処理手続を堂々と実践すべきである。とりわけ学外者を含む委員会を構成すべきことについては、本件の鈴木学位論文不正案件には多様な視点からの意見が必要であるので、その実現が当然視されるであろう。

なおこれに関連して、本年五月一〇日インターネットに東洋英和女学院院長・同大学教授に係る論文不正報告書が同大学から公表され、極めて悪質な論文不正を明らかにしたことが注目されている。この事案においては、大学はその不正行為防止に関する規程の字句を合目的な観点から柔軟に適用し、積極的に論文不正を解明したことが報告書の記載で明らかにされた。大学の調査委員会の構成（学内者三名、学外者三名）とその調査成果には、国立大学法人という国民全体の立場から今次告発処理に当たる総研大において参考にすべきところが大きいと思料される。

（3）告発の趣旨である博士論文取下げの勧告

今次規程違反告発に当たり、告発の趣旨において博士論文取下げの勧告を求めている。総研大の博士論文不正案件に対する規制には、第一に「適切な教育研究指導」を徹底し、第二に「不正論文取下げ勧告」することにし、第三に「授与学位の取消し」を果断に実行するとの三種類の方策が策定されていることを勘案すると、今次告発では博士論文取下げの勧告の方向性が関係法条の体系に合致しており、この勧告が一面穏和な対処でもあるので、適切妥当だと判断した結果に基づくものである。総研大においては授与学位の取消手続と不正論文取下げ勧告手続とが案件を別異にしつつ併存する法体系であるため、前回通報案件における結果と今次告発案件とは案件を別異にしており博士論文取下げ勧告が併存できるので、この告発の趣旨は奇異というものではない。

（二）鈴木学位論文の現況

鈴木堅弘提出の学位申請論文を国会図書館の資料複写により論文の半分を入手し、公開情報から残り半分もほぼ検討済みであったことは既に述べてあるが、同学位論文を総研大所蔵と国会図書館所蔵との双方の論文によって対照検討することが必要である。平成三一年一月一五日に鈴木堅弘に対する総研大甲一五三四号博士学位授与の原議綴全部の情報公開請求を実施した後、同年四月一〇日に再度正式に請求してようやく学位申請論文写全部を入手した。その後において、双方の学位申請論文を順次精密に対照検討したところであるが、その結果、双方の論文には参考文献の補正の異同があるものの、内容には格別の差異が存しないことを確認している。

9　他の外国図録における別の上村松園作肉筆春画の問題

（一）他の外国図録における別の上村松園作春画の確認

別の上村松園作春画については、「第二部鈴木学位論文に係る大学学位規則に基づく学位授与取消の通報関係資料」に「日本国外における上村松園作と称する春画の諸問題」を取り上げて検討している。梶山季之責任編集月刊『噂』に、評論家竹中労が有光書房社長坂本篤から「艶本五十年の出版秘話」を聴くという形式の対談が連載されていた。昭和四七年一一月号（第二巻第一一号）の五一—五二頁に、坂本篤社長が「鏑木清方作春画」を持ち込んできた人の話をした後、その時期や売値を訊ねられ、「十年ちょっと前ですか。清方のものじゃないとわかったら、だれが数十万も出しますか。だけど、それをぼくは知らないで買って外国の雑誌なんかに出してごらんなさいよ。たとえば、松園女史のものがデンマークで出ている春画集にのっているんです。これなんかまったく似て非なるものですよ。そういう誤りを海外にまでさらしたくないですからね。」と返事をしたので、話題が別の上村松園作の春画に移った。坂本社長が、「これなんかまったく似て非なるものですよ。」と上村松園作と称する春画を贋作の春画であると断定したことから、その上村松園作と称する贋作春画の存在についてインターネットを確認してみた。一九六八（昭和四三）年と翌一九六九（昭和四四）年に北欧において松園作春画等を資料展示して「世界エロティックアート展」を開催した米国人研究者クロンハウゼン博士夫妻の図録と収蔵品のことだと判明した。

（二）別の上村松園作肉筆春画の内容とその虚偽捏造

クロンハウゼン博士夫妻は、「世界エロティックアート展」の展示目録を簡易なパンフレットから分厚な書籍にして市販したり、エロティックアートの展示施設を開館したりしてその方面の活動家として世界規模の活躍をしたが、突如、仏教系の活動家に転じてエロティックアートの収集品を処分するようになった。クロンハウゼン博士夫妻が収蔵品目録として刊行した図録が、『ＨＩＧＡ』である。この図録は、一九七九（昭和五四）年にオランダで出版され、翌一九八〇（昭和五五）年に「フランス語版」の全三巻の第一巻としてパリのエロティシズム専門書店「エディションズ・ドミニク・ルロワ」から同書店の編集により刊行された。第二巻以降が刊行された形跡はない。図録『ＨＩＧＡ』の書名は、「秘画」から採用されているように春画の画集である。巻頭には上村松園の春画が掲載されており、その他には円山應挙・安藤廣重・渡辺祥益・河鍋暁齋・青木木米・葛飾北斎ら制作とする春画掲載の約七〇頁の図録である。解説は、クロンハウゼン博士夫妻が研究者兼古美術商リチャード・レインの文献資料により詳細に行っていると編集者が記述している。しかし、文献資料の選択や解説の内容等からは、リチャード・レインが執筆したように推知される箇所があり、仮にそうであるとすると春画の収集段階からリチャード・レインが関与していたとも想定される収蔵品であるが、そのあたりを解明する資料が乏しい状況である。

図録中に「上村松園作肉筆春画」と称する春画が合計一二図ある。春画番号第九番の春画の解説は格別に重要である。最初に「ある程度の年齢の女性とそのペキニーズ」と画題の解説があり、「オーガズムの瞬間の足指の引きつりに注目」とその見所を示しており、解説の最後に「上村松園が官能的な作品の際に何度か使った陰号「江春」（春の小さな入江）が屏風に入っている」と、この春画の片隅に書き込まれた屏風中の落款が上村松園が春画に何度か使用した松園の陰号江春であるとする「事実」を指摘している。解説は、この陰号江春によりこの春画を含む合計一二図が上村松園作春画の真作であると断定している。しかし、この解説は明白に「虚偽」であり「捏造」である。以下に検討を加える。

まず、松園の陰号江春についてである。この「江春」の落款により活躍し、現在でもその真作の山水・美人画が市販されている浮世絵画家が現存していた事実がある。その画家は、「押柄江春（おしがらこうしゅん・その出身地ではおしえこうしゅんとも発音する）」であり、明治二八年生で菊池芳文らに師事したそれなりに名の知れた画家であり、その作品である真作の山水・美人画は、現在いつでも購入して鑑賞することができる。次に、解説が指摘している上村松園が何度か春画に陰号江春を使用したとする事実は、学術文献であれ好事家向けの書籍にも全くその記述が無い。リチャード・レインの外国語・日本語の文献については念入りに探索したが、上村松園の陰号を江春とする論述は発見できなかった。そんな作業の際、リチャード・レインの贋作に対する態度を知ることができる興味深いアンケート質問と回答を発見した。昭和四二（一九六七）年八月一五日発行の季刊浮世絵三〇号の六八頁から七〇頁に、「真贋・肉筆浮世絵」という相当数の識者に対する数問のアンケートがあり、日本人識者の深刻な思い入れのある回答に交じって「米・浮世絵研究家」の肩書でリチャード・レインが回答を寄せていた。その中の質問の「二、肉筆浮世絵に贋作あるということの考え方」に対しては、レインの回答が「二、一般日本美術と同じく、九〇パーセントは贋作ですので、別に不思議はない。」とあり、質問の「三、自分がみた贋作の絵師と図柄」に対しては、レインの回答が「三、各絵師、数千幅の贋作をみたことがある。」というそれぞれ「軽快」な回答であった。春画研究という分野での外国人研究者という稀有な立場でありながら、対象物の春画に対しては既に贋作があって当然とする判断とその発表振りが身に付いており、当意即妙に切り抜ける「機知」が鮮やかであった。この機知があれば、上村松園の陰号として江春を「創作」する程度のことは、些事に類するのであろうと思われる。このことは、わが国において篤実な研究者として知名度の高いリチャード・レインの資質について、日本人学者がそろそろ認識を改めるべく振り返る時期であると思料される。

（三）国際日本文化研究センター図書館における管理状況

図録『ＨＩＧＡ』は、電話照会によると国際日本文化研究センター図書館が平成二八年寄贈申入れを受け翌二九年受入れ収蔵して公開している。世界的な書誌データベースであるＯＣＬＣの提供する「Ｗｏｒｌｄ・Ｃａｔ」で検索すると、世界の大学図書館でこの図録を収蔵しているのは、唯一国際日本文化研究センター図書館という「珍本」である。あと一冊が「アートインスチチュート・シカゴ」に所蔵されているようである。春画雑誌のカラー写真ですら博士学位の論文データに不正使用させる総研大であるので、その収蔵図書に同様な事犯発生の危惧を抱き、令和元年七月一七日図録『ＨＩＧＡ』を収蔵している国際日本文化研究センター図書館から同図録の収蔵に関する情報を得て開示してくれるようにと情報公開請求をした。これは、単純に同図録の収蔵の廃止や公開停止を希求しているのではない。国立大学法人である専門大学院が「上村松園作春画」の実在という虚偽を国民に対して告知した教育研究責任を自戒し、その虚偽の上村松園作春画の実在を消滅させる適法な行動に出ることが総研大には是非必要であるからである。この開示請求については該当文書なしとして不開示であったが、仮にも、図録『ＨＩＧＡ』が季刊浮世絵八四号と同様な論文不正に使用されることのないように、総研大には叡智が求められている。

平成三〇年一〇月一七日付通報の関係資料を本件告発の関係資料としてそのまま引用する。
（平成三〇年一〇月一七日付通報の引用開始）

論文不正について（通報）

一　論文不正とその通報

近年、論文において、虚構の研究結果を作成しあるいは存在しない研究データを作出する等の不正の方法による論文不正の多発する傾向が危惧されている。論文不正は、学術研究において初歩的かつ基本的な禁止事項であり、これに対しては的確に問責されるべき事犯である。

一方、論文不正に対し総合研究大学院大学は、総合研究大学院大学学位規則第二三条に、
「本学の学位を授与された者が、不正の方法により学位の授与を受けた事実が判明したときは、学長は、研究科教授会の意見に基づき、その学位の授与を取消し、学位記を返還させ、かつ、その旨を公表するものとする。」
と定めている。この条は、国が運営に関わる研究・教育機関としての責務である論文不正に対する適切な是正制度の設営であり、併せてその公表により国民に対して手続きの公明性を維持する民主的制度であると評価される。

当職は、最近職務に際し、平成二四年九月二八日総研大甲第一五三四号をもって鈴木堅弘に対し学術博士の学位を授与した学位論文題目「近世春画・春本の図像研究ーその背景表現への考察ー」を調査する機会を得た。この調査により、鈴木学位論文（以下単に「鈴木論文」ともいう。）において重大な論文不正が敢行されている事実を認知した。そして、この事実を単に傍観するに止めるか否かにつき慎重に熟考を重ねた結果、わが国

における国家社会の学問に寄せる誠実な信頼を著しく毀損する右事実の悪質性は、看過することのできないものと判断するに至った。よって、総合研究大学院大学長において、その学位規則第二三条に基づき所要の措置を講ずるべきものと思料し、本件通報に及ぶものである。

二　鈴木学位論文における論文不正の概要

鈴木学位論文は、終章「消えゆく、春画の背景」において、その第四節には「消えゆく、春画の背景」と同じ標題を掲げて、「明治期における背景表現の喪失による春画終焉」の仮説を提示し、この仮説が本学位論文の主柱であるとした。春画研究家の著作によると、明治期における春画は、明治新政府の春画取締りが徹底して春画供給の体制が崩壊し、特に作者絵師の芸術水準が低下したことから急激に衰微したとの見解がある。この見解に異を唱える鈴木論文は、背景表現喪失による春画終焉の仮説を提示し、これを検証するとした。鈴木論文が学術論文として担う最重要課題は、同仮説の検証において成果を得ることに尽きる。

鈴木論文は、当初、明治三〇年頃に春画を刊行した絵師富岡永洗及び絵師武内桂舟両名とその作成春画により検証を実施するとしたが、浮世絵師周延や氏名不詳の絵師二名を増員して総計絵師五名とその作成春画により検証を実施する計画を立て、これを検証の標目として提示した。この検証を本書では「第一次春画終焉仮説の検証」と呼称することにする。検証とは、検証標目に基づき実証的に仮説検証の作業を行うものである。ところが、鈴木論文は、全く検証作業を行わないまま、検証標目の提示をもって仮説検証の成果が得られたとした。これには批判が生じた。鈴木論文は、この批判を免れる方途を探索するうち、浮世絵春画雑誌「季刊浮世絵」八四号の記事中に背景表現のない一二枚組物の肉筆春画帖を発見すると、これを利用して検証に供することを決意した。そして、まず虚妄の「明治の女流絵師・上村松園」なる絵師を作出した。次に同肉筆春画帖を

「明治の女流絵師・上村松園作成の歌麿小町引写し肉筆春画帖」と詐称し、この肉筆春画帖の春画一二枚全部をもって検証作業に当たるとする検証標目を提示した。この検証を本書では「第二次春画終焉仮説の検証」と呼称することにする。鈴木論文は、検証作業に着手して僅かに同肉筆春画帖の春画一枚の検証を終えると、たちまち同春画帖の春画全部を検証した如く偽装し、仮説検証の成果が完全に得られたとした。その上に、この仮説検証には驚くべき不正が存在する。同肉筆春画帖なるものは、昭和五五年九月二五日から翌五六年一月五日までの間に贋作された春画である。贋作の春画を学位論文の主位のデータに用いた事例は、わが国の学問に存在したことはなく、まして学位を授与されたことは絶無である。最終的には、本学位論文の主柱である仮説の検証は、成果を得ることができなかったと解される。よって、鈴木論文は、現に不正の方法により学位の授与を受けた事実だけが残存していると評価される。

以下にこの一連の論文不正の事実を、「第一次春画終焉仮説の検証」と「第二次春画終焉仮説の検証」とに分説して詳述する。

三　第一次春画終焉仮説の検証

1　検証標目の提示

（一）鈴木論文の記述

鈴木論文の記述は、論文二八一ー二八二頁にあり、

「ところでこうした明治期の春画をいくつか眺めていくと、ある重要な事実に気づく。」

と記述を開始し、

「それは「背景」が失われているということである。明治期の春画は版本や肉筆を問わず、そのほとん

どが「性交表現」のみで構成されており、まったくといっていいほど「背景表現」が描かれていない。なかには「背景」のある春画も存在するが、その背景に描かれている情報量が江戸時代のものと比べると格段に少ない。それらには煙草盆や鏡などが二つ、三つ描かれているだけで、ほとんど何も描かれていないに等しい。この違いは江戸時代の春画と比べると歴然である。背景が失われている故に、「台詞」や「詞書」などの文字情報もほとんど記されていない。この点に関してはすでに林美一が論文「伝統枕絵の断絶」のなかで指摘しており、明治期以降、画文一体型式の春画はほとんど描かれなくなったという。」

と背景表現の喪失について概略の記述をした。次いで、

「こうした「背景表現」の喪失を具体的な作品を通して見ていくならば、たとえば、富岡永洗の『八雲の契り』（一二枚組物）の画図［図一三］・［図一四］や、武内桂舟の『夜ざくら』（一二枚組物）の画図［図一五］などが上げられる。」

と、まず富岡永洗及び武内桂舟の両名とその作品を挙示し、これに加えて、

「また、作者不明の『水の出水』（刊年不明）の画図「図一六」や、周延の『秘画帖』（明治三〇年頃〈一八九七頃〉）の画図「図一七」や、作者不明の『好色画帖』（明治三〇年頃〈一八九七頃〉）の画図「図一八」などを取り上げるだけで事足りるであろう。どの画図においても「背景」が失われている。」

と絵師三名を増員して作品とともに記述し、第一次春画終焉仮説の検証標目を提示し、それぞれの典拠を付した小画像を示した。

（二）検証標目の内容確認

(1)富岡永洗作「八雲の契り」の図一三及び図一四の春画二枚

これは、国際日本文化研究センターが所蔵し艶本資料データベースで公開する大判組物の序文と春画一二枚の合計一三枚中の図一三及び図一四の春画二枚である(図一三・図一四は、画図の論文整理番号の表示である。以下同じ。)。富岡永洗は、挿絵画家として名声を博し育てた弟子が多いが、比較的若くして病没した。鈴木論文は、検証標目に「八雲の契り」から二枚の春画を選定した。当初、富岡永洗作の図一三の背景表現のない春画一枚をもって検証標目を提示する予定にしていたが、学内における事前の口頭発表会において仮説検証の方法に対する批判を受けたため、図一四の春画一枚を追加することにした。この事情は、京都精華大学紀要第四五号掲載「制度としての美術と春画—明治春画・猥褻の発見・背景喪失」一四九頁「図三とその記述」及び一四一頁付記と鈴木論文二八一—二八二頁の「図一三・図一四とその記述」とを対照比較すれば推認できる。図一四の春画の画中には、背景表現である性交の拭い紙の「紙屑」(以下「紙屑」という。)が描かれている。図一四以外の計二枚の春画にも紙屑があり、この作品の紙屑が描かれた春画は合計三枚になる。春画の画中の紙屑は、ある時期から猥褻物事件捜査の対象と認識され、紙屑の存否をもって当該春画の作成時期を認定することができるのである。

(2)武内桂舟作「夜ざくら」の図一五の春画一枚

これは、鈴木論文に明記した典拠の番号から、立命館大学が同大学所蔵品と寄託品により構成している古典籍データベースで公開する桜図一枚と春画一二枚の合計一三枚中の春画一枚である。同データベースの書誌によると、その作者は富岡永洗であり、武内桂舟ではない。同一の春画の作者について、鈴木論文と立命館大学のデータベースが相違するので検討する。鈴木論文は、既に別の論文において、国際日本文化研究センターのデータベースが公開する富岡永洗作春画「夜ざくら」について、「作者は武内桂舟か」と富岡永洗とする作者同定に疑問を呈したことがある。今回と同じ問題であるが、その結末は不明である。そこで双方のデータベース及び画文堂発行の季刊浮世絵三四号（林美一寄稿文）・同六〇号（氏家冬深寄稿文）・同六六号（氏家冬深寄稿文）、画文堂刊「（浮世絵）明治の秘画」（昭和五二年二月一五日初版）、林美一著「江戸枕絵の謎」（河出書房新社昭和六三年）等の雑誌書籍並びに福田和彦編著「浮世絵名品聚芳九富岡永洗・八雲の契り」（東洋芸術院昭和六〇年）・「浮世絵名品聚芳一一武内桂舟・夜ざくら」（東洋芸術院昭和六〇年）の浮世絵春画集の資料を検討した。次第に、これは鈴木論文では結論を解明するに至らず、鈴木論文の研究者には調査に長時間を費やしても結論の得難い難問であると判ってきた。

（3）作者不明「水の出水」の図一六の春画一枚

これは、国際日本文化研究センターが所蔵し艶本資料データベースで公開する組物の全図説明図と春画一二枚の合計一三枚中の春画一枚である。同データベースの書誌及び春画表紙の記載によると、春画の作品名は「水の出花」であり、「水の出水」ではない。その刊行年は、単に「明治」であり「西暦一八六八－一九一二」と書かれている。実際には刊行時期が定かでないが、書誌上では明治初年から最終年までの間の作品であるので、強引に明治期の春画として検証の標目に加えたものとみられる。作品の内容は、ごく低俗な春画である。

（4）周延作「秘画帖」の図一七の春画一枚

これは、季刊浮世絵八八号に収載された伝統的浮世絵師である楊洲（橋本）周延が明治三〇年頃刊行したとされる、序図・付文二種と春画九枚の合計一二枚の画帖中の春画一枚である。雑誌記事中に、明治三〇年頃刊行と推察される製本の下貼りがある旨の記載があるので、作品の体裁・内容は典型的な江戸春画であるものの、明治三〇年頃刊行春画として検証の標目に加えたとみられる。前記の両データベースにはその画像の公開がない。春画一枚に周延の隠し落款がある。

（5）作者不明「好色画帖」の図一八の春画一枚

これは、鈴木論文に明記した典拠の番号から、立命館大学が古典籍データベースで公開する合計一二枚の「好色画帖」中の春画一枚である。同データベースの書誌によると、その作者は富岡永洗（風）であり、作者不明ではない。同大学では、作者富岡永洗で管理している春画であり、その関係から作品成立年月日を一八九七（明治三〇）年刊としている。鈴木論文は、データベースの検索作業を通して明白に作者同定につき疑義があることを知悉しながら、富岡永洗以外の絵師である作者不明者一名として検証標目に加えたものとみられる。春画一枚に紙屑が描かれている。

2　検証標目に基づく実証的な仮説検証作業

（一）鈴木論文の記述

前記のとおり鈴木論文は、仮説の検証作業を行わないまま、「どの画図においても「背景」が失われている。」」と記述した。

（二）仮説検証作業の点検

鈴木論文は実証的な仮説検証の作業を行っていないので、これを前記の検証標目の内容確認に基づき点検してみる。その結果は次のとおりである。

（1）富岡永洗作「八雲の契り」の春画二枚と同作品全部の検証点検

鈴木論文における背景表現の定義は、終章第三節「春画における「性交表現」と「背景表現」」にあり、これに従う。富岡永洗作「八雲の契り」の春画合計一三枚をデータベースにおいて拡大するなどして現品を手で広げて見るように精査し点検した。これらは、一個の作品としてその全部が背景表現を保持している。前記のとおり図一四の春画図中に背景表現の紙屑があり、そのほかに二枚の春画にも紙屑が描かれている。

（2）武内桂舟作「夜ざくら」の春画一枚と同作品全部の検証点検

作者武内桂舟の同定に疑義がある。鈴木論文の背景表現の定義に従いつつ「夜ざくら」の春画合計一三枚をデータベースにおいて拡大するなどして精査して点検してみると、これらは、作品全部が背景表現を保持している。

（3）作者不明「水の出花」の春画一枚と同作品全部の検証点検

前記のとおり作品名称の記載に誤りがあるとともに、春画作成時期が定かでない。鈴木論文の背景表現の定義に従いつつ「水の出花」の春画合計一三枚をデータベースにおいて拡大するなどして精査点検してみると、これらは、作品全部が背景表現を保持している。

（4）楊洲周延作「秘画帖」の春画一枚と同作品全部の検証点検

作品が典型的な江戸春画である。鈴木論文の背景表現の定義に従いつつ「秘画帖」の春画合計一二枚の雑誌掲載画帖全部を精査点検してみると、これらは、作品全部が背景表現を保持している。春画一枚に背景表現の周延の隠し落款がある。

（5）富岡永洗（風）作「好色画帖」の春画一枚と同作品全部の検証点検

作者は、富岡永洗（風）であるのに作者不明としてある。鈴木論文の背景表現の定義に従いつつ「好色画帖」の春画合計一二枚をデータベースにおいて拡大するなどして精査点検してみると、これらは、作品全部が背景表現を保持している。春画一枚に背景表現の紙屑が描いてある。

3　検証の成果

（一）鈴木論文の記述

鈴木学位論文が提唱する「明治期における背景表現の喪失による春画終焉」仮説の検証作業の推移を勘案し、検証の最初の段階を「第一次春画終焉仮説の検証」と呼称してその実証的な検証作業の成果を見守ったところであるが、鈴木論文は、仮説の検証作業を行わないまま、「どの画図においても「背景」が失われている。」と記述した。これは、全面的に仮説検証の成果が得られたとするものであると解される。

（二）検証の成果の判断

鈴木学位論文は、「どの画図においても「背景」が失われている。」と記述している。しかしながら、この記述は、前記の検証標目の内容確認及び仮説検証作業の点検において詳しく見てきたとおり、明らかに事実に背馳した虚構の研究結果の公表である。富岡永洗作「八雲の契り」図一四（注・通報の図一三とある誤記訂正）の「紙屑」の描かれた春画は、春画を熟知している人たちに自ら進んで春画の背景表現の存する春画を教示したものであり、武内桂舟作「夜ざくら」、作者不明の「水の出花」、楊洲周延作「秘画帖」及び富岡永洗（風）作「好色画帖」の春画と併せてすべての春画に背景表現喪失がないのに、これがあるように装い全面的に仮説検証の成果が得られたとした論文不正行為を認定できる。よって、不正の方法により虚構の研究結果を作成した論文不正に該当し、的確に問責される必要がある。

四　第二次春画終焉仮説の検証

1　検証標目の提示

(一) 鈴木論文の記述

鈴木論文の記述は、論文二八二頁にあり、

「またこうした特徴を端的に表しているのが、明治の女流絵師・上村松園が描いた『肉筆春画帖』である［図一九］。この春画帖は一二枚の組物で構成されており、そのすべての画図が喜多川歌麿の春本『絵本小町引』(享和二年〈一八〇二〉の図柄に倣って描かれている［図二〇］。

と記述し、明治の女流絵師・上村松園作肉筆春画帖を第二次春画終焉仮説の検証標目として提示し、

「ただし、そこには「性交表現」のみが引き写されており、「背景表現」はいっさい描かれていない。その絵はまるで喜多川歌麿の春画から「性交表現」だけを切り取ったかのように描かれており、歌麿の「背景表現」の描写はまったく無視されている。」

と肉筆春画帖には背景表現が描かれていないことを強調し、肉筆春画帖の画図［図一九］及び絵本小町引の画図［図二〇］を挙示してその典拠を付した小画像を示した。

(二) 検証標目の内容確認

(1) 明治の女流絵師・上村松園作「肉筆春画帖」の小町引写し一二枚組物の全部

鈴木論文が検証標目に提示する明治の女流絵師・上村松園作肉筆春画帖とは、昭和五六年一月五日発行の季刊浮世絵八四号「閨秀松園肉筆歌麿写し春画帖」の記事に収載されている春画帖総計一六枚の春

画のうち、喜多川歌麿作「小町引」の模写画一二枚の春画帖である。雑誌記事では、画図のそれぞれに画図番号と画題が付されており、

「図一芸妓の口舌、図二傾城ちょんの間、図三肌着でつつむ、図四蛇の精、図五すっぽん新造、図六花ござ陶酔、図七髪すき鏡台、図八菊の籬の戯れ、図九紅梅屏風の内、図一〇角かくし絶倒、図一一腹やぐら腰ふね、図一二すだれと団扇」

と、いうものである。鈴木論文は、肉筆春画帖について、「またこうした特徴を端的に表している」及び「十二枚の組物で構成されて」いると厳密に表現しつつ、画図として一二枚組物の最先頭の「図一芸妓の口舌」の春画一枚（画図の論文整理番号が図一九）を例示している。これを全体的に観察すると、肉筆春画帖一二枚組物の春画全部により検証作業を実施することを明示したものと解される。したがって、検証標目の内容は、図一芸妓の口舌から順を追って図一二すだれと団扇までの春画一二枚組物の全部を検証の対象画図とすることになる。

肉筆春画帖の模写原図は、喜多川歌麿作「小町引」であり、季刊浮世絵八四号の記事は、「小町引は本社新刊歌麿の歌まくら秘画帖より」と二二頁に記載している。そこで、新版「歌麿の歌まくら秘画帖〈カラー版〉」の「第三部小町びき」について、その画図番号と画題を確認すると、

「序図梅に鶯の娘、図一紅梅屏風の内、図二傾城ちょんの間、図三肌着でつつむ、図四腹やぐら腰ふね、図五角かくし絶倒、図六花ござ陶酔、図七すだれと団扇、図八蛇の精、図九すっぽん新造、図一〇菊の籬の戯れ、図一一芸者の口舌、図一二髪すき鏡台」

と、いうものである。これと季刊浮世絵八四号の記事による画図番号・画題とを対照比較すると、序図

が加わっている上、画図の順番と画題でも不一致のあることが判明する。肉筆春画帖の小町引写し一二枚組物最先頭の「図一芸妓の口舌」が、「図一一芸者の口舌」になっている。これは、双方の底本にした春画帖が同一ではないことに由来することを示している。

そういう状況のところ、鈴木論文は、いわゆる「完全無削除出版」である学習研究社「浮世絵秘蔵名品集小町びき」（平成四年刊）収録の喜多川歌麿「絵本小町引」を、肉筆春画帖の典拠として示した。「図一芸妓の口舌」（画図の論文整理番号が図一九）の春画の典拠として、歌麿「絵本小町引」の「第二図」を掲げ、この「第二図」に対して画図の論文整理番号を図二〇としたのである。昭和五六（一九八一）年発行の雑誌季刊浮世絵八四号に掲載された春画に対し、平成二四（二〇一二）年の論文作成時において、平成四（一九九一）年刊行の完全無削除出版の図録を、典拠として示す学問研究上の必要は、何であったのであろうか。もちろん、肉筆春画帖の作者同定の確認であろう。しかし、この大部の図録を単に典拠の記載に利用したのであれば、それは厳密に言えば、研究データの捏造・作出に該当するとされよう。

次に、極めて重要なことを指摘する。検証標目の内容については、鈴木論文の記述は、明治の女流絵師・上村松園作肉筆春画帖の小町引写し一二枚組物の全部と明記しているのであるが、その明記の基底には二種の検証されるべき重要な問題事項が存在するのである。すなわち、まず明治の女流絵師・上村松園なる人物の存在の有無の問題であり、次に肉筆春画帖の作成時期とその真贋の問題である。

（2）明治の女流絵師・上村松園なる人物の存在の有無の問題

この鈴木論文の記述における最大の問題は、わが国における明治の女流絵師・上村松園なる人物の存在の有無の問題である。これが不存在と確定すると、明治の女流絵師・上村松園作肉筆春画帖という名称を付与した春画が、偽物絵ではないかという疑問が生じる。偽物絵と決定されると、これは蜃気楼の如きものであり、どんなに立派な説明を試みても一瞬のうちにすべてが雲散霧消してしまう。鈴木論文は、その提示に係る明治の女流絵師・上村松園について、その人物が存在した事実を証明しなければならない。これを検証する責務は鈴木論文の執筆者にある。このことは、一般に認められる挙証責任の定則から明白である。

（3）肉筆春画帖の作成時期とその真贋の問題

鈴木論文の肉筆春画帖なる春画は、昭和五六（一九八一）年発行の季刊浮世絵八四号に掲載されたが、鈴木論文が明治の女流絵師・上村松園になぞらえたと推測される、実在の上村松園は、明治八（一八七五）年に出生し、大正年間を生存し、昭和二四（一九四九）年に死去した。「仮に」ではあるが、真作の可能性がある作成時期としては、明治八年から昭和二四年の間に限定されるので、それ以外の作成時期であればもちろん贋作となる。したがって、学術的観点から疑問の余地なく作成時期を確定することが極めて重要である。春画出版業界においては、昭和三二年最高裁判所（以下「最高裁」という。）の「チャタレー事件」判決を猥褻の基本的な定義に用いる判例として従ってきており、猥褻物取締りを受けることを回避するために性器や陰毛のカット等の部分修整（常用漢字表の用例では「修正」を使用するが、季刊浮世絵の使用例に従い「修整」を使用する。以下同じ。）を回避策として策定し、出版物に施すなどしていた。その後の昭和四八年、最高裁は、研究著述家林美一の著書『艶本研究國貞』被告事件に有罪判決を下した。これにより、一層、適切な回避策の必要性が浸透してきた。肉筆春画帖の作成時期の確定については、艶本研究國貞事件の最高裁有罪判決が示した猥褻事件の事実認定に従うことにより、的確に結果を得ることができる。

2　検証標目に基づく実証的な仮説検証作業

（一）鈴木論文の記述

鈴木論文は、検証標目に肉筆春画帖の組物一二枚全部を提示し、実証的な仮説検証作業に着手し、「もっともこの上村松園による『肉筆春画帖』は肉筆画であり、公への出版を目的としたものではない。そのため、松園自身が身体デッサンを試みるために私的に描いた粉本画帖である可能性は否定できない。とはいえ、江戸時代の画図（春本『絵本小町引』）と、明治時代の画図（上村松園の『肉筆春画帖』）を直接比較してみると、双方の「性交表現」の描写はまったく同じでも、その絵の印象は歴然と異なる。やはり江戸期と明治期では、春画表現の目的が違うと言わざるを得ない。それでは実際、それらの画図の違いから何が見えてくるのであろうか。双方の時代の画図を比較検討するなかで、明治時代の春画が失ったものを見ていくことにしよう。」

と肉筆画の語義につき意味不明な説明を加えた後、実証的な仮説検証作業に移り、

「まず喜多川歌麿の春本『絵本小町引』のなかには、若い男と振袖娘が部屋で逢瀬を楽しむ場面を描いた一画がある［図二一］。この春画には画面全体に男女の性交図が描かれている。そのためそちらに目を奪われがちであるが、この画の面白さは「背景表現」に描かれた「屛風絵―あるいは襖絵か―」に隠されている。その屛風絵には「菊の籬」が描かれているが、この点がこの画図にとって重要な意味を示している。というのも、この屛風絵は当時世相で流行していた「菊花の宴」の遊びを表現して

いる。その遊びとは、毎年菊月と呼ばれる九月になると、各家々ではこぞって庭に菊の花を飾り、その花を目出ながら菊酒を酌み交わした。そのため、この季節になると市中の植木屋は菊造りに精を出し、その花の美しさを競ったりもした。この歌麿の画にはそうした世相で広く行われた「年中行事」の遊びを「趣向」として取り入れている。またそのことで、〈秋〉の画趣も表現しているのである。またもうひとつ別の角度からこの画を捉えるならば、江戸時代において「菊」は別名「少女草」とも呼ばれていた。とくに俳諧などでは、「菊」を少女のイメージと重ねて用いた。この歌麿の画においても、屏風絵に描かれた「少女草」が恥ずかしそうに色事にのぞむ「振袖の娘」に見立てられているのである。」

と学習研究社図録の喜多川歌麿「絵本小町引」の「図第一〇図」（菊の籬図・論文整理番号が図二一）を採り上げて作業を行い、この図から背景表現である「菊花の宴」と「菊の別名少女草」を入手するという重要な検証結果を得たとし、

「さらにこの「菊花の宴」は多くの春画に〈趣向〉として用いられた。たとえば西川祐信の春本『翠簾の内』（享保四年〈一七一九〉）や川嶋信清の春本『好色三の里』（刊年不明）、礒田湖龍斎の春画『逸題組物』（安政ママ五年〈一七七六〉）［図二二］や鳥居清長の春画『時粧十二鑑』（天明五年〈一七八五〉）に、若い男女が菊の籬や花壇のまえで色事にいそしむ場面が描かれている。」

と多くの春画及び西川祐信・川嶋信清・礒田湖龍斎・鳥居清長ら四名の春画からも背景表現である「菊花の宴」を入手するという重要な検証結果を得たとした。礒田湖龍斎の春画（論文整理番号が図二二）の表示は、単に誠実に検証を行ったことの証明としたい趣旨であろう。それであるのに、一転、仮定の議論に

転じ、

「もし仮に歌麿がこれらの春画に倣って先行画の図柄や趣向を自らの画に積極的に取り入れたとするならば、そこには「趣向の模倣化」の表現が隠されているといえよう。このように、喜多川歌麿の春画ではその「背景表現」からいくつかの表現を引き出すことができる。」

と記述する。もし仮に歌麿が、多くの春画及び祐信・信清・湖龍斎・清長四名の春画に倣って画作したとするならば、この歌麿春画の背景表現からいくつかの表現を引き出して入手することができるので、検証作業としては、これで十分であると強調し、

「ところが上村松園が歌麿画に倣って描いた春画には、まったく「背景表現」が描かれていない［図二三］。そのため、その画中から「菊花の宴」の趣向も、〈秋〉の画趣も、〈少女草〉としての見立ても、いっさい読み取ることができない。唯一その画中から読み取れるのは、歌麿の性交表現を写し取って描かれた男女の艶やかな姿態だけである。」

と上村松園が歌麿画に倣って描いた春画（論文整理番号が図二三）には全く背景表現が描かれていないと断定し、これにより「明治期における背景表現の喪失による春画終焉仮説」を検証し終えたとし、

「明治期に入り、春画から「背景表現」が失われたのは、春画における言文一致運動が成された所以である。このことは山田美妙が春画に序文を寄せたことが象徴している。また、「背景表現」の失われた春画が明治三十年代に続々と刊行されたのも偶然ではない。言文一致運動がほぼ完成をみるのが、明治三十五年頃である。」

と記述する。鈴木論文は、これをもって「明治期における背景表現の喪失」とは「春画における言文一致

運動が成された所以である」と締め括ったのである。かくて、鈴木論文は、肉筆春画帖の春画一枚の検証をもって一二枚組物全部の検証に偽装したのである。

（二）仮説検証作業の点検

（1）明治の女流絵師・上村松園作「肉筆春画帖」の小町引写し一二枚組物の全部の検証点検

鈴木論文は、図一芸妓の口舌から順を追って図一二すだれと団扇までを検証対象とするとしたのに、直ちに実証的な仮説の検証作業に移ることなく、全部の検証をしなかった。加えて全部の画図において、鈴木論文がその作者として指摘した明治の女流絵師・上村松園なる人物の存在の有無の問題及び肉筆春画帖の作成時期とその真贋の問題については、検証作業において言及するところがなかった。

（2）肉筆春画帖の春画一枚をもって春画帖の春画全部を検証した如く偽装した検証点検

その後において、鈴木論文は、検証作業に着手し喜多川歌麿作春画「絵本小町引」の「図第一〇図」（菊の籬図・論文整理番号が図一二）を採り上げ、この若い男と振袖娘の性交図には、「菊花の宴の遊び」と「菊の別名少女草」に由来する背景表現を読み取ることができるとし、重要な検証結果を得たように記述した。また「菊花の宴」は多くの春画に趣向として用いられているとし、ほかに西川祐信「翠簾の内」、川嶋信清「好色三の里」、礒田湖龍斎「逸題組物」及び鳥居清長「時籹十二鑑」の四名の春画には、若い男女が菊の籬や花壇の前で色事にいそしむ場面が描かれているが、このように広く春画作品に検証作業を進めたことにより、この「菊花の宴」の背景表現を入手するという重要な検証結果を得たように記述した。

ここまでの検証作業において、歌麿「絵本小町引」から模写原図の第一〇図（菊の籬図・論文整理番号が図二一）の背景表現を入手し、これと対照して判断するために肉筆春画帖「図八菊の籬の戯れ」の春画一枚（論文整理番号が図二三）の検証に着手したことが判る。鈴木論文は、検証標目において「図一芸妓の口舌」から「図一二すだれと団扇」までの春画一二枚組物の全部を検証の対象とすることを提示していたので、やっとこれから「図八菊の籬の戯れ」の春画一枚に続けて「図一芸妓の口舌」を採り上げ、次に「図二傾城ちょんの間」へと残り一一枚の春画の検証に向けて順次それらの検証に着手・進行すると予想させる状況であった。

そんな状況の下で、鈴木論文は、一転、

「もし仮に歌麿がこれらの春画に倣って先行画の図柄や趣向を自らの画に積極的に取り入れたとするならば、そこには「趣向の模倣化」の表現が隠されているといえよう。このように、喜多川歌麿の春画ではその「背景表現」からいくつかの表現を引き出すことができる。」

と仮定の議論に転じた。

この記述は、「もし仮に歌麿が」と過去の人の行動に関する仮定の文章であって奇妙な文章であるが、その文意を辿ってみると、「喜多川歌麿の春画の背景表現は調査できていないが、これから調べてみれば判る」との趣旨だと推測される。鈴木論文の第一章には「図像の数量分析からみる春画表現の多様性と特色」なる研究結果がある。その春画作品統計データベースを作動して歌麿の春画作品から背景表現を検索してみれば、たちまち歌麿作「絵本小町引」の背景表現を入手できるはずであるのに、どうしたことであろうかと、調査してみた。鈴木論文五七ー六〇頁記載の「図像分析対象資料一覧表」を点検すると、これに歌麿作「絵本小町引」のほか著名な歌麿の春画が掲載されていない。国際日本文化研究センターの春画・艶本データベースと立命館大学古典籍データベースについて歌麿作「絵本小町引」の収集とデータ化の状況をみると、両データベース共に作品の収集がなく、データ化が欠如している。つまり、鈴木データベースは、歌麿春画の背景表現を検索して出力することができない欠陥のあるデータベースだと判った。その上、仮定の議論にある作業を現実に実施するには、巨額の国費を要する。「顔認証」が市民生活で普通に使用される時代に、欠陥データベースを市販の計算ソフトと手作業で運用できるものではなく、新規のシステムを構築する必要があるからである。したがって、この仮定の文章の真意は、実証的な仮説検証作業はここまでの作業をもって終了とする旨の終了宣言である。残り一一枚の春画の検証は実施できないいし、その意思もないのである。

それであるのに、鈴木論文は、上村松園の歌麿春画に倣って描いた春画（論文整理番号が図二三）には全く背景表現が描かれていないと断定し、これにより、明治期における背景表現の喪失による春画終焉仮説の実証的な検証を終了したとする。「明治期に入り、春画から「背景表現」が失われたのは、春画における言文一致運動が成された所以である。」と記述して検証標目に基づく実証的な仮説検証作業を終了したのである。これが、鈴木論文が肉筆春画帖の春画一枚の検証をもって一二枚組物全部の検証を偽装した仕組みである。

これまで検証作業の点検を実施してみると、鈴木論文は、肉筆春画帖の実体を知悉しているのに、知らぬ振りをして論文の結論へと急ぎ、実体を不知の論文読者を欺瞞するかのようである。そこで、以下詳細に、肉筆春画帖の実体と関係事項を明らかにすることにする。

3　肉筆春画帖の実体と画中の紙屑の修整が明らかにした贋作実行

（一）昭和五六年季刊浮世絵八四号「閨秀松園肉筆歌麿写し春画帖」記事の分析

（1）記事の概略

記事の「閨秀松園肉筆歌麿写し春画帖」は、画文堂が昭和五六年一月発行した季刊浮世絵八四号の八ー二五頁に掲載されている、カラー鑑賞という春画をカラーで楽しむ記事である。記事解説は東大路鐸こと社長鈴木実が行っている。その八ー一〇頁には上村松園の造形と筆致の解説がある。その一一ー二五頁が肉筆春画帖総計一六図の解説である。一一頁の上部には大きく「上村松園〈肉筆〉歌麿写し春画帖」とあり、下部に小さく「絹本・天地二七・二×左右三六糎」と絵材と大きさが示されており、二二頁までが「小町引」写し計一二図とその解説である。各頁には肉筆春画帖の画図と模写原図の縮小した絵が示してあり、小型の解説文が全部の画図に付されている。最終の図一二の解説文には、「小町引は本社新刊「歌麿の歌まくら秘画帖より」と書いてあり、新刊「歌麿の歌まくら秘画帖」を参照されたいとの趣旨が記載されている。そして、二三ー二五頁に新作秘戯画計四図の解説があり、最終の二五頁に箱書の写真がある。

（2）上村松園の造形と筆致

記事の冒頭に、上村松園の画業における造形と筆致の解説がある。「歌麿写し〈肉筆〉春画帖のための参考図」という副題を掲げ、「上村松園の造形と筆致・名品抄」の題目で東大路鐸による細帯状の解説文が三頁にわたって書かれている。明治八年出生、年齢一二歳京都府画学校入学、昭和二三年文化勲章受賞、翌二四年七四歳で死去までの上村松園の画業を作品の写真一六葉と文章により解説している。作品の写真は、どれも勝手自在にカットしてあり、絶筆「初夏の夕」では、蛍を見やる団扇の女性に初夏の凪を運んできたその蛍が切り捨てられてただの女性の半身像に変化している。写真で大きいものは、昭和一四年の作品「凪」であり、他の小写真の三倍位もある。この絵には、松園の子息で文化勲章受章者の上村松篁が大好きであったとする孫の日本画家上村淳之の回想がある（東京・京都国立近代美術館「上村松園展二〇一〇年図録」一九〇頁）。ところが、これの東大路解説を見ると、「浮世絵あぶな絵ふう」とあり、松園の画業を総じて浮世絵春画と見ての解説である。

文字だけの解説文でも、「二十三歳（明治三一年）の若さで「浴後美人」と題する裸体画を描いた。特に裸の絵は線と面による表現である。」と煽情的な解説をしている。しかし、上村松園の右図録にも収録されている「浴後美人」は明治三三（一九〇〇）年二五歳頃作の鏡に向かう爽やかな浴後の美人画であり、同年には「粧」という佳品もある。

こんな具合に、普通に見掛ける松園画譜の解説とは大違いであり、解説文は、どんどんと春画の方向に筆が動いて行ってしまう。その結果、「かつて松園が歌麿の名作秘画帖小町引をみて感動し、みずからの彩筆によって模写した春画があったとしても不思議ではない。四畳半の戯れ文を書いた永井荷風も、又この春画帖を描いた上村松園も、共に文化勲章を授かったというのも、しんの強い真の芸術家としての共通点といえよう。」と肉筆春画帖への感嘆の声を上げるのである。また、上村松園作の春画が世に出回った事実がないのに、外国人研究者の著作に仕掛絵春画の記述があることに絡めて、その仕掛絵春画が「なにを隠そうこの上村松園女史の画作であったと、かねてきいている。」と書いている。「かねてきいている」とは、実物の春画については見聞していないと自認していることになる。

そんな風に文化勲章級の春画を期待したかのような解説の締め括りとして、上村松園の春画と称する絵の鑑定の要点を解説している。それは、「松園えがく美人たちが着ている、殆ど無地いろの若草や淡い青の衣装のきわ立った特徴をも含めて、色彩・構図・描線とも、松園画風の清々しく伸びやかな美の世界が再構築されている。いまは、おおらかに、おぼれようではないか。」というものである。これでは、画学生の習作絵がたちまち上村松園の作品に化けてしまうであろう。

（3）肉筆春画帖総計一六枚の内容

東大路解説は、肉筆春画帖について、

「歌麿写しの一二図に更に四図の新作を《これも図形を浮世絵に求めれば探し当てることが出来ようが、松園の新作秘戯画としておこう》ともかく計一六図・一帖とした画帖を、ここに一挙にオールカラーで紹介することになった。」

と肉筆春画帖総計一六枚の内訳と内容の説明をする。この文章は、「松園の歌麿写し一二図の絵があり、松園の新作（秘戯画）四図の絵があり、それが計一六図で一帖の画帖とする」という説明であるが、画帖の形態等には触れていない概略説明に過ぎない。

そこで、東大路解説に従い、肉筆春画帖総計一六枚について、論理的かつ時間的に成立可能である作成時期を検討する。松園の没後既に多年が経過した。肉筆春画帖総計一六枚が上村松園の絵であるとしたときは、肉筆画であり既に退色したことであろう。そのうち四枚は新作と表示されている。以上の条件を組み入れてみると、

「松園以外の者が、ある時期から新作と呼び得る最近の時期までの間に、「小町引」写し一二図と新作秘戯画四図をもってこの画帖一六図を作成・完成した」

と理解するほかないことになる。したがって、東大路解説によれば、肉筆春画帖総計一六図は最近の時期において出来上がったとすることになる。当然のことながら贋作であることを前提にしていることになる。

次に、歌麿「小町引」写し計一二図について検討する。鈴木論文は、一六枚の春画のうち「小町引」の図柄に倣って描かれている一二枚の組物だけを「肉筆春画帖」と呼称しており、松園作とされる新作秘戯画四図の存在には関心がない。肉筆春画帖の歌麿「小町引」写し計一二図には、全画図に性器等の部分修整が施されている。そのほか、「図六花ござ陶酔」には「紙屑」の修整が施され、「図七髪すき鏡台」には「腰巻」が加筆されている。

また、新作秘戯画計四図については、記事の二三頁に「松園の肉筆＊浮世絵秘画・新作四図」との見出しがあり、その頁から二五頁までカラー絵で三頁にわたり収載されている。四種の図にはそれぞれ画題がある。それが誰の付与したものかは不明であるが、図A閨床の一服（部分）は二三頁に、図B春本夢物語は二四頁の上部に、図C酔余の果て（部分）は二四頁の下部に、図D夕風の戯れは二五頁にと各掲載されている。

（4）春画帖の箱書

季刊浮世絵八四号の二五頁に木箱を撮影した小型の写真が一枚掲げてある。まず、印刷の説明文が目に入る。印刷文字で横書きにして、「上村松園〈肉筆〉」、「歌麿写し春画帖」、「十六図箱書」とある。写真は、縦長の木箱の写真で、大字で「上村松園」と、やや小さく「画帖」が一行に、その左側に小字で「十六図」と各墨書してある。野間清六ら著「美術鑑定事典」（東京堂昭和三八年）二三頁の解説による

と、箱書については、

「鑑定の結論を箱の蓋裏や蓋面に記入することを箱書というが、江戸時代末期から行われだしたことで、古くからの記載方法ではなかった。作品の筆者自身が箱に自己の制作であることを書記した箱と作品がそろっている場合に、これを共箱というが、やはり江戸時代末期からの現象であって、それ以前にはないことであった。これを逆に言えば、それだけ偽物が横行するようになったから、念には念を入れて作者の箱書までも要求されるようになったわけである。」

と、いう内容である。写真からは、この形状は、肉筆画の一枚ずつの絵一六枚を入れてあるものかと推測されるが、共箱ではないし、「上村松園」との墨書が作者本人の筆跡とは見えず、いかにも素人だましの箱書に見える。この箱書をもって肉筆春画帖が上村松園の作品であることを証明することはできない。東大路解説には、この写真を対象にした解説はない。

（二）肉筆春画帖が市販されていた状況

（1）画文堂の会社整理と肉筆春画帖の行方

画文堂は、会社案内の書面に、「社長鈴木実は、文芸評論・明治文化研究家木村毅経営の読書展望社・文章倶楽部社その他に勤務し、昭和二八年緑園書房を創立した。以後は書籍刊行のほか、昭和三七年創刊した季刊浮世絵の出版に従事したが経営不振に陥り、昭和四一年画文堂と改称し再出発した」とある。以後は、浮世絵春画出版業を営んでいたが、昭和五四年一二月に陶芸雑誌の季刊「陶芸四季」を創刊したため、会社の資金繰りに困窮するようになり、「陶芸四季」の発行日を遅延して定期購読者から文句が来るようになった。昭和五六年一月季刊浮世絵八四号に「閨秀松園肉筆歌麿写し春画帖」の記事を掲載したが、その頃は会社経営の危機が迫ってきた時期であった。昭和五八年春には季刊浮世絵の雑誌としての品格を高めていた外国人研究者が、寄稿を廃絶して画文堂の内情を公開した挨拶状（リチャード・レイン「浮世絵研究の国内発表中止についてお知らせとお詫び」）を配布したことがあった。そして、昭和六〇（一九八五）年三月一日発行の季刊浮世絵第一〇〇号をもって終刊とした。陶芸四季も一四号まで刊行したが刊行停止とした。これをもって画文堂は、会社整理をしたものとみられる。季刊浮世絵には複製木版画等の自社の大広告を出していたが、複製木版画等の大量在庫品の整理状況等は不明である。そして、季刊浮世絵八四号の記事に収載した肉筆春画帖総計一六図の行方も不明である。

（2）昭和六〇年から翌六一年にかけて肉筆春画帖が市販された状況

昭和六〇年から翌六一年にかけて肉筆春画帖が日本国内において市販されていた。その状況については、三種類の販売者による販売状況が認定できる。

第一の販売者は、日本芸術出版社である。昭和六〇年一二月一五日、春画印刷物出版業株式会社日本芸術出版社は、同社アートマンクラブから春画帖「秘蔵画帳（一）上村松園春色十六景」を販売するとの案内を行った。販売案内書によると、同春画帖は、「一六景の戯画を並べてみますと、二景をのぞいた一四景の作品には、女性らしい緻密な美しさでの交合の姿が大胆に描かれております。」と説明がある。その除いた二景は「図三肌着でつつむ」と「図七髪すき鏡台」の春画二枚であるが、いずれも性器の直接描写が目に入らない絵である。上村松園作春画という響きが醸し出す魔力を計算した「特にその二景をご覧ください」という巧みな宣伝文である。画文堂から総計一六図の肉筆春画帖が、日本芸術出版社へ到着した経路は不明である。その売出しは、昭和六一年一月六日で予約受付を締切とし、二月一〇日から発送を開始するとしていた。販売先は、ＶＩＰ会員と顧客会員のみに限り、販売数は不明であるが、日本芸術出版社の販売実績では三百部限定版が多いので三〇〇部とみておけばよいであろう。価格は、一六枚揃組・会員限定版が金三万円である。春画帖現品は、肉筆春画帖総計一六図とその図柄・内容が同一であるが、中に入っている一枚紙の解説文は、季刊浮世絵の東大路解説とは別内容の解説である。これに「此の絵柄をご覧になれば、喜多川歌麿の「小松引き」（小社刊「浮世絵第五巻―歌麿の世界・名作五〇選」）を彷彿されることと想いますが、筆致は鏑木清方や伊東深水のような歌川派の影響がみられます。」と自社の「浮世絵春画集」の宣伝をしている。この「歌麿名作五〇選」を検討すると、これは日本国内出版の著作権マーク一九八五年のものであるが、「完全無削除出版」の春画収録の春画集で日本国内への持込み禁止と注意書きが印刷されている。春画研究家福田和彦の解説であり、収載作品は歌麿春画印刷物総計五〇枚とあるのに、歌麿の作品が「ねがいの糸口二枚・小松引き七枚・逸題断簡二九枚」で残りは別人の作品という代物である。浮世絵書誌学では小町引の題簽に争いがあり、外題を「小町引」ではなく「小松引」とする少数の研究家があるが、右解説者はその小松引派である。日本芸術出版社は、この研究家とは多数の春画出版取引上の昵懇な営業関係にある。

第二の販売者は、東洋芸術院である。かねて春画印刷物出版業の東洋芸術院から「浮世絵名品聚芳」シリーズとして布張り美麗本の春画集が刊行されていたが、喜多川歌麿作「小町引」の模写画一二図の肉筆春画帖を同シリーズ一四冊目の「浮世絵名品聚芳一四上村松園こまち引一二枚組」と名付け、昭和六〇年に刊行された。市販の時期は、現品に入っていた表紙・裏表紙共で四枚の解説書に「一九八五の著作権マーク」があり、それから昭和六〇年の著作物と判明する。月日の詳細は不明である。この春画帖現品を確認すると、季刊浮世絵に収載の歌麿「小町引」写し一二図の図柄・内容と同一品である。その解説書は解説者氏名を欠くが、解説内容から春画研究家福田和彦の解説と判る。解説文は季刊浮世絵八四号の東大路解説と酷似の個所がある。解説書の末尾に「歌麿写し春画帖・一六図」との追加記載があり、これに四図の画題・図柄とその紹介があって「いつの日にかの復元を望んで」と印刷してある。販売先は、登録会員のみに限るとしており、販売数は、三〇〇部限定版と記載してあり、価格は不明である。「完全無削除出版」であるが、日本国内への持込み禁止との注意書きの印刷はない。

第三の販売者は、浮世絵研究会である。かねて春画印刷物出版業の浮世絵研究会から「浮世絵春画名品集」シリーズが刊行されていたが、喜多川歌麿作「小町引」の模写画一二図の肉筆春画帖が同シリーズ四冊目の「浮世絵春画名品集四上村松園小町引一二枚組」として刊行された。刊行時期は、それを証するものがなく不明であるが、解説書が第二販売者東洋芸術院のものとほぼ同じであるので、昭和六〇年に刊行され、市販されたものと推認される。この春画帖現品を確認すると、東洋芸術院の現物と図柄・内容とも同一である。解説者は春画研究家福田和彦であり、解説書もほぼ同一である。解説書末尾の「歌麿写し春画帖・一六図」との追加記載も同一である。販売先は登録会員のみに限るとしており、販売数は三〇〇部限定版と記載してある。価格は不明である。「完全無削除出版」であるが、日本国内への持込み禁止との注意書きの印刷はない。

(3) 日本国内外における上村松園作と称する春画の諸問題

まず、日本国内における上村松園作春画の問題を検討する。上村松園作の春画というものが日本国内において話題になるのは、昭和五七年一一月朝日新聞社から小説家宮尾登美子の「序の舞」上下巻が刊行されてからのことである。「序の舞」下巻冒頭の「男児誕生」に、「津也が、山勘の店へ三日間通って描いた枕絵を五円札にかえた」と、津也こと上村松園が春画を描いて五円を得た場面があり、「序の舞」が翌五八年に吉川英治文学賞を受賞したことが話題を広げた。しかし、この場面は小説の一話に過ぎない。その五円札が上村松園の子息で文化勲章受章者上村松篁の堕ろし薬代になるという筋立てが絵空事であることは誰にも分かるが、新進女流作家の筆が冴えて平成二一年には宮尾登美子が文化勲章に次ぐ栄誉の文化功労者に選ばれたことも重なり、上村松園作春画は世人の話題に事欠かなかった。

上村松園作春画が単なる小説の産物であることについては、上村松篁の言葉で厳しく述べられているので、確認しておくことにする。村田真知編「青帛の仙女・上村松園」（同朋舎出版一九九六年監修松柏美術館・二二一—二二二頁）の「二階の父」に、

「ある女流作家が、松園をモデルに小説を書くと言って話をききにきたことがあって、私も一生懸命いろいろなことを話してあげました。ところが作家ははじめからこう書こうという線をきめていたんです。結局、その作家自身の生き方に添った内容の小説になってしまったのでしょうが、絵も画家自身の生きざまの表現であることをご存じないのでしょう。絵を見る眼を持ち合わせておられませんでしたね。あまり事実と違うので、怒りました。けれど、さわげばかえってお母さんが傷つくと思ってあきらめました。まことに迷惑で腹がたち、今でも忸怩たる思いがします。父が鈴木松年であることを、私はよく知っています。」

と血を吐く思いを込めて書かれているのである。

三種類の販売者による肉筆春画帖が市販されたのは、ちょうど上村松園作春画への関心が高まってき

とした時期である。国内における市販の状況は、販売数が総数九〇〇冊とみると販売価格は仮に一冊一万円として販売総額九〇〇万円となるが、多分、これを上回る冊数・金額の人気商品であったと推測される。そして、三種類の販売者の販売品の中から、複数冊のものが海外へ流れたのではないかと懸念される。日本国内でこれだけの話題を集めた春画であるから、外国人も関心を持ったろうと想定されるからである。現在までのところ、肉筆春画帖が具体的に外国美術館等に収蔵されたとの美術品情報はない。しかし、最近になって、国内で刊行・販売された日本語・外国語による春画文献や図録に、それまでにはなかったのに、俄に上村松園作春画の存在を示唆する記述が現出した。

次に、日本国外における上村松園作春画の問題を検討する。これは、有光書房社長坂本篤が「たとえば、松園女史のものがデンマークで出ている春画集にのっているんです。」と評論家竹中労との対談で述べた問題である。梶山季之責任編集月刊「噂」昭和四七（一九七二）年一一月号（第二巻第一一号）の五一−五二頁に掲載の有光書房社長坂本篤から評論家竹中労が「艶本五十年の出版秘話」を聴くという形式の対談にこの問題が登場した。

鏑木清方の春画を持ち込んできた人の話があり、

「竹中　清方だといって持ってきた人は、かなりの値段いってきたんでしょうな。

坂本　ア、とんでもない値だ。ハッキリ覚えていないが随分の値だった。

竹中　いつ頃の話です？

坂本　十年ちょっと前ですか。清方のものじゃないとわかったら、だれが数十万も出しますか。だけど、それをぼくは知らないで買って外国の雑誌なんかに出してごらんなさいよ。たとえば、松園女史のものがデンマークで出ている春画集にのっているんです。これなんかまったく似て非なるものですよ。そういう誤りを海外にまでさらしたくないですからね。」と上村松園作春画の贋作が外国の出版物に掲載されていることを嘆き、「これなんかまったく似て非なるものですよ。」と断じている。

この春画を、「十年ちょっと前・松園女史のもの・デンマークで出」たと探索してみると、一九六八年度と翌一九六九年度開催の第一回・第二回国際エロティックアート展の関係春画のようである。普通の日本人であれば、坂本社長の言うとおり、「誤りを海外にまでさらしたくない」と思うであろう。

（三）画文堂における猥褻物取締り回避のための修整

（1）画文堂における猥褻物発売禁止処分歴と猥褻物取締り回避策

昭和六〇年一月季刊浮世絵終刊一〇〇号の最終記事に「終刊の終わりに」と題して、画文堂の経営履歴が書かれている。その中に緑園書房・画文堂と季刊浮世絵の猥褻物発売禁止処分歴があり、次のとおり猥褻物取締りの法執行の実態を、

「浮世絵の秘画集単行本によって二度、雑誌では第三五－四一号まで一括と『浮世絵』誌史の前半において計三回の発禁処分をうけました。性交を暗示する姿態、太腿の線描が艶、顔面大写し原寸大の表情が淫ら、上半身図のそばに全構図の穴アキ参考豆図版は連想を招くという、それぞれの理由ある時代でした。全国の書店の店頭で係官が没収、本社内在庫品と資料版材の押収、始末書、ついでに企画中の、編集デスク上の豊国・国貞・英泉の秘版フィルム紙焼きカラーポジに広告版下まで、

所有権の放棄書〈これは任意提出書と殆ど同意語の〉を書かせられれば、当然その画集は未刊のままです。そして今はいつのまにかワン・ポイント修正時代になりました。」

と活写している。

発売禁止処分歴中の「浮世絵の秘画集単行本によって二度」の記載の中には、緑園書房時代の吉田暎二著「浮世絵秘画」刊行に関するものがあるようである。「浮世絵秘画」は、春画を「秘画」と呼称する歪んだ時代を先駆けた春画単行本である。昭和三六年一二月初版発行し、好調な売れ行きで翌三七年二月増刷のため相当量の大胆な自主修整を施して再版した。これが直ぐ発禁処分を受けてしまい、絶版にして翌々三八年二月新版を発行した。その後の昭和四二年新訂版を発行したという経過がある。新訂版に挟み込みの「刊行者（画文堂）のことば」に、「再版が当局より発売禁止の令を受けるに至りました。残念ながら致し方ありません。しかしいまふりかえって見ると、あの本の発禁は、当然であったようにおもえます。」

と振り返っている。発禁処分歴中の「雑誌では第三五～四一号まで一括と「浮世絵」誌史の前半において計三回」と記載があるものは、外国人研究家が季刊浮世絵に掲載した膨大な量の記事関係であると思われる。

発禁処分歴に続けて、処分内容と処分理由や猥褻物取締り回避のための修整についても述べており、猥褻物取締りの要点を語っている。最後の「そして今はいつのまにかワン・ポイント修正時代になりました。」という締め括りは、昭和六〇（一九八五）年代という猥褻物修整の最終年代における取締り回避について、一見すれば微細な猥褻の表現であっても、細心の回避策こそが重要であると纏めている。

肉筆春画帖の紙屑の修整は、猥褻物取締り回避の細心の対応策であったのであろう。

（2）季刊浮世絵八四号読者通信「秘画修整の内証史Q＆A」の回答と春画の贋作

画文堂における猥褻物の修整の変遷については、季刊浮世絵八四号の最後の頁にある読者からの照会への回答にも記載されている。この号の冒頭にある肉筆春画帖の記事と最後の猥褻物の修整が対応しているわけで、同じ号の雑誌の前と後に掲載されていることに編集上の繋がりが判る。読者通信欄へ寄せられた大阪市佐々木氏の春画修整に関する質問に対する回答であるが、編集部から詳細な回答（一三三ー一三四頁）があり、それは前記の季刊浮世絵終刊一〇〇号の最終記事と重複するので、次の二点だけをみておくことにする。

まず第一は、昭和五五年一一月二日の新聞各紙が「税関当局の輸入図書等に対する猥褻の判断基準が一部緩和されたことが一日明らかになった」とこぞって報じた記事がある。警察においては、警視庁保安部長が「いずれにしろ刑法の猥褻基準にふれる問題ではない。ポルノ取締りは従来通りの方針でのぞむ」と話している記事があって、果たせるかな一一月一三日には東京神田のポルノ書店の大がかりな摘発があり、新聞テレビの話題になったようである。これについて、編集部では、

「法の許すと思われる限界を聡明に見極めながら前進を時に後退を重ねながら、雑誌浮世絵を継続刊行していきたいと願っています。」

と対応策を示していた。

次に第二は、春画の偽物についての興味深い文章がある。それは回答最後の一三四頁の末段にあり、春画の偽物に関する見解の披瀝であるが、

「だから、次のような、浮世絵自身を、おとしいれる仕事は、したくないとおもっています。最近の大新聞に宣伝しているノーベル書房の『日本枕絵大観』は「名品百点を選んで」とあるが名品ではなく、春画を画学生が筆で模写した偽物の印刷物で、全く浮世絵ではない。局部はフンドシや腰巻を加筆して、解説は皆無。」

と明快に書いている。

出版社である画文堂が、堂々と、「春画を画学生が筆で模写した偽物」と記述する偽物とは、どのような絵をいうのかと興味深く思われた。ノーベル書房発行の当該書籍を検討する。書籍は、昭和五五年一一月五日ノーベル書房発行の「日本枕絵大観わじるし」で定価三万円とあり、装幀が特別に立派な美術書である。一頁に春画が一枚宛印刷してある。目次・作品解説がないので数えると、百枚の春画集である。掲載の絵は、多数人が手分けして描いた作品のようでもあるし、一人が全部描いた絵のようでもある。絵には、すべて性器陰毛の猥褻物の修整が施してある。紙屑の有無を点検すると、百枚中六枚の絵に紙屑が描いてあり、うち一枚は清拭場面の絵である。この一冊で百枚ある肉筆贋作春画を描くのには、どれ位の日数を要するのかと興味が湧いた。

肉筆浮世絵の贋作で最も著名な事件は、昭和九年発覚した「春峯庵事件」である。「新聞集成昭和編年史・昭和九年度版」と白崎秀雄著「真贋」（講談社昭和四三年発行）を検討する。昭和九年五月二三日の読売新聞記事には、警視庁の一斉検挙で下谷区西黒門町二一浮世絵商金子清次（当時三五歳）らが共犯者の被疑者として報道されており、裁判の結果は、金子清次が懲役刑に処せられて服役した。金子清次は、事件前から金子孚水と称していた。昭和三七年五月緑園書房が季刊浮世絵を創刊した際、吉田暎二と共に「浮世絵保護研究会」と称して編集を担当し、発行人鈴木実と協力した人物である。季刊浮世絵の創刊号に金子孚水の「浮世絵斬捨て御免・真ん物と偽せ物」が掲載されている。これに、「かって浮世絵界の偽作事件として世の注目を浴びた「春峯庵事件」に最も関係の深かった私は、この事件の真相を、最もよく知っている人間である。」と自己紹介している。以後は、北斎の肉筆画の贋物から筆を進め、画文堂時代も健筆を振るった。しかし、この春峯庵事件の贋物製作は、何分にも規模が大き過ぎるので小規模な贋作を探索した。

東京国立博物館絵画室長を勤めた近藤市太郎著「女の表情」（鱒書房昭和三一年）から歌麿作「歌まくら」の贋作日数を検討する。同書の「けむの話・歌枕」（一九六—二〇四頁）に、著者が若い研究員時代に美術学校を卒業したばかりの友人の画家に依頼し、歌麿作「歌まくら」一二枚組物の真物絵を三部模写をしてもらったと書いている。その時は三部の模写に画家が睡眠時間を切り詰めて五日間を要したとある。このような名品であるからもう一部白描画が必要になるので、合計四部の作成をしたようである。著者は、現在では邪道とされる立場であろうが、この模写で新婚旅行の費用が賄える位の利得があったそうである。この模写を贋作と読み換えれば贋作日数になるが、ざっと一日に一〇枚位の贋作ができた計算になる。そこで肉筆春画帖の贋作であるが、肉筆春画帖の贋作なら、画学生一人が一日か二日で作成できると見当がついた。

（3）チャタレー事件から艶本研究國貞事件までの修整

チャタレー事件と艶本研究國貞事件は、春画出版における猥褻の意味及び猥褻物取締り回避策としての修整において、二大基本判例として重要である。春画出版業界においては、チャタレー事件判例は知り尽くされているのに対し、艶本研究國貞事件の方はやや実務的な活用の面で浸透が十分とはいえないようである。そこで、春画出版において馴染みの深い「伏字」を媒介にして両判例を検討する。

その一は、チャタレー事件である。

わが国の出版業界においては、昭和二五年英国の小説家の小説を邦訳出版したことにより、邦訳者と出版社社長が猥褻文書頒布罪に問われ、その後の昭和三二年三月一三日最高裁大法廷の判決で有罪が確定したチャタレー事件判例が猥褻についての基本判例になっている。判例集の裁判要旨によると、

「一、わいせつとは徒らに性欲を興奮又は刺戟せしめ、且つ普通人の正常な性的羞恥心を害し、善良な性的道義観念に反するものをいう。

二、芸術作品であっても、それだけでわいせつ性を否定することはできない。」

と、いう判示である。春画出版では、この判例以後において、この判例を基準にして猥褻物取締りを受けることを回避するために、画図の男女性器のカット、台詞・書入れの伏字等の修整を講ずることにより法律を遵守してきた。

猥褻裁判では非常に有名なチャタレー事件の判決後に、春画出版ではごく普通のことである伏字が問題になったことがある。最高裁有罪判決後である昭和三九年に処罰された邦訳者が、猥褻と判示された部分を書籍から削り、そこを伏字「＊（アステリスク）」で埋め、削除版として出版した。平成八年に邦訳者の子息が、その伏字を原版へ復旧する完全訳への改訂を計画した。しかし、子息は有罪とした最高裁に対する正面からの挑戦となることをおそれて調査するうちに、最高裁判決の一四年後に別の出版社が完全訳で出版したことが判り、ようやく子息も改訂版を出版できたという興味深い最高裁判決後に

おける出版経緯（伊藤整訳・伊藤礼補訳『完訳チャタレイ夫人の恋人』・平成八年新潮文庫五六七頁）があった。このように、伏字を使用することは、その立場・方法が異なっても様々に利用されていたのである。

その二は、艶本研究國貞事件である。

春画出版において、この伏字使用に絡む猥褻事件がある。研究著述家林美一の著書「艶本研究國貞」の刑事被告事件である。同事件の概要については、林美一ら著「國貞裁判・始末」（三一書房一九七九年発行五一–三九頁）を参照する。研究著述家林美一が東京都内の出版社有光書房から昭和三五年一〇月書籍「艶本研究國貞」を刊行した。書籍は、洋装の並製本と和装の特製本があり、並製本は書店で一般販売され、特製本は蝶つがいの箱入れで別冊「参考資料」が付属しており限定販売された。特製本付属の別冊「参考資料」に対して、翌三六年に猥褻事件として捜査が開始された。この別冊「参考資料」は猥褻物捜査の回避策として調製したもので、並製本・特製本の本文では伏字になっている個所を取り纏めた冊子である。起訴状の文章によると、「艶本研究國貞は性的描写の記述部分が伏字となっているところから、この伏字に充当する男女性交の場面を露骨に記述した別冊を参考資料として添付した」と説明されているが、「伏字全部の虎の巻」のようなA五版の全一五頁の資料である。刑事訴訟では、証拠により証明する対象の犯罪事実を「訴因」と呼称するが、「参考資料」には極めて多数の犯罪事実である訴因が記載されていたことになる。しかし、被疑者の研究著述家林美一と出版会社社長坂本篤両名は、この資料は研究者のための真面目な研究資料であると主張していた。そして翌々三七年一一月起訴が始まり、京都地裁・大阪高裁と裁判が行われ、昭和四八年四月一二日最高裁第一小法廷において有罪判断

が示された。判例集の裁判要旨によると、

「一、猥褻文書の販売を処罰することは、憲法二一条に違反しない。

二、文書の猥褻性の有無は、その文書自体について客観的に判断すべきものであり、現実の購読層の状況あるいは業者や出版者としての著述、出版意図など当該文書外に存する事実関係は、文書の猥褻性の判断の基準外に置かれるべきものである。このように解しても、憲法二一条に違反しない。」

と、いう判示であり、この判示第二事項が参考資料に係る判断である。この最高裁の有罪判断が示されたことにより、春画出版業界には、どうしても春画の修整をやっておく必要があるのはどれかという一種の手引きとして「参考資料」を活用する動きも出てきた。

実際に、春画出版業界における「参考資料」の活用を検討する。明治の女流絵師・上村松園作肉筆春画帖の作成時期確定のために、「紙屑は最高裁判決の射程範囲に在るか」を例にする。その手法は、特製本の本文の春画の絵に描かれている「紙屑」を見付けて、そこの記載から伏字の表示に従い別冊「参考資料」へ移り、性的描写の猥褻記述部分へ到達するだけのことである。まず、書籍「艶本研究國貞」の伏字の取扱いであるが、特製本の本文七一頁に

「四、削除個所は□□を埋めて伏字とするか、段を下げて解説した。止む得ぬ処置と諒解されたい。

五、公開をはばかる図に就ては、カットするか、又は原画をそこねぬ程度に修正したが、能う限り、全構図がわかるように努力した。」

と伏字の説明がある。

それを心得て、肉筆春画帖「図六花ござ陶酔」の画中の「紙屑」を「櫛・笄」に書き換えた修整が、最高裁判決の射程範囲に在るかを検討する。紙屑に狙いをつけて書籍「艶本研究國貞」の本文を通読する。同書籍が研究に取り上げた歌川國貞作春画「絵本開談夜廼殿」上・中・下三巻を探索すると、上巻と下巻にそれぞれ一個所ずつ紙屑が描かれていることが判明する。上巻の紙屑は、本文一七五頁から一七六頁の絵へと続く若衆と道鏡の物語中に紙屑の山が沢山あり、この紙屑の伏字を探すと、参考資料の三頁の「一七五の一七」にある計七行の記述に到達する。この記述はまさに猥褻文書であり、いちいち内容を開示しない。次に下巻の紙屑は、本文二〇七頁の絵中に紙屑の山が少しあり、この紙屑の伏字を探すと、次頁の冒頭に伏字の表示がある。参考資料に移り伏字の表示から、七頁の「気をやり、拭きしまひ、」との記述に到達する。この二個所の記述が性的描写の記述部分であり、春画の紙屑の図と相俟って有罪の訴因事実であり、犯罪事実として処罰されたことが確認できる。

このようにして、同書籍の紙屑が最高裁判決の射程範囲に在るとの判断ができることから、明治の女流絵師・上村松園作肉筆春画帖の「図六花ござ陶酔」画中の「紙屑」を「櫛と笄」に書き換えた修整は、猥褻取締り回避策としては「それなりに適切な作業」であったと認められ、肉筆春画帖の作成時期が確定できる。

書籍「艶本研究國貞」の特製本は単色印刷であるので、カラー印刷版の林美一編著「歌川國貞絵本開談夜廼殿」（定本浮世絵春画名品集成一〇・一九九六年九月河出書房新社発行）と季刊浮世絵六六号の「秘本＊カラー仕掛絵・絵本開談夜の殿（林美一寄稿文）」により紙屑の図と伏字の内容を確認した。この伏字の内容確認作業を実施することにより、肉筆春画帖が上村松園の没後に作成された贋作であると明確に認定できたのである。

（4）歌麿の歌まくら秘画帖〈カラー版〉の新版発行における修整

「歌麿の歌まくら秘画帖」は、画文堂の経営上大事な書籍であった。昭和四二年金子孚水から企画・解説に全面的な協力を受け、喜多川歌麿作「歌まくら」の初摺を出版するという機会に恵まれ、これに単色図版ながら「ねがいの糸ぐち」と「小町引」を加えた美麗な書籍として刊行し、昭和四六年には重版した。金子孚水が昭和五三年に死去した。昭和五四年一二月には新雑誌の「陶芸四季」を創刊したが、これにより資金的に経営が窮屈になるという状況が生じた。その時期に、企画・解説に社長鈴木実の独自色を出し、全部カラー版の新刊「歌麿の歌まくら秘画帖」として発行する計画を立てた。艶本研究國貞事件の捜査・起訴以降、春画出版の原稿調製には取締りを回避するため従来にも増して自主的に事前の修整が必要だとする認識が強まっていた。「小町引」の紙屑については、歌麿の歌まくら秘画帖の昭和四二年の初版と四六年の重版ともに、全頁大の図柄の下部に紙屑がこれ見よがしに描かれてあったが、昭和四八年最高裁から艶本研究國貞事件に有罪判決が出た以上はそうもいかない。大判の画図の図柄下部を紙屑の幅で切り縮めるようにすれば、紙屑の山が消えてしまうという編集上の意見が出てきた。これに「部分図」と標題を付けておけば、不自然ではない。小画像の全構図に紙屑が見えても目立たないから心配ないであろう。問題は解説である。初版と重版の金子孚水解説は同文で無難なものであったが、全部を新解説にするほかないことになった。東大路鐸こと社長鈴木実の解説は、紙屑の山が姿を消したので、台詞もこれに合致させて、

「もう一丁とぼしたら、マァちっと休もふ。麹町なら岩木升屋だがこっちがウワキマス屋だ・・。サ

ァてまへもやるそうで・・らの頭へ水鉄砲を突くよふに当るは当るはアァ・・いい・・蛸薬師女来だ、有難や有難や、その代りに目黒まで行ったほど、くたびれる」

と紙屑の数量が判らないように伏字にすることで修整の意見がまとまった。このような猥褻取締りを回避するための編集作業を、新刊広告の中に入れておく必要があるということになり、

「世情の流れの中で秘画トリミングの許容範囲が移し動いて開いていくのを季刊「浮世絵」と共に知るようになって、画文堂はいさぎよく旧時代の画集として、絶版にしてしまった。絶版にして八年の歳月が経った。」

と書いて広告の「秘画トリミング」の説明の中に見事に納めた。こんな編集作業を経て、昭和五五年九月二五日に新刊カラー版の発行に至り、「歌麿の歌まくら秘画帖〈カラー版〉」は定価一万九千円で限定五百部が販売された。そして翌五六年一月五日発行季刊浮世絵八四号の肉筆春画帖の記事に、このカラー版を参照すべきであるとする内容が記述された。「歌麿の歌まくら秘画帖」の広告は、肉筆春画帖記事の次頁に掲載されたのである。

(四) 肉筆春画帖における紙屑の修整と贋作実行

(1) 小町引写し「図六花ござ陶酔」画中の紙屑の修整が明らかにした贋作実行

肉筆春画帖小町引写し「図六花ござ陶酔」画中の紙屑の修整について、諸問題を検討するに先立ち、その概要をみておくことにする。季刊浮世絵八四号の解説記事の一六頁には、上部に大きく肉筆春画帖「図六花ござ陶酔」の画図があり、その下部に小町引の原図の縮小図があって、縮小図から花ござを敷いての男女陶酔の絵であることが判る。紙屑の修整は、両図を見比べると原図にある交わっている女の

顔の先にあった紙屑が櫛・笄に書き換えられていると直ぐに判る。「歌麿の歌まくら秘画帖」では、修整は図柄下部の紙屑をそっくり切り捨てて行われたが、小町引写し「図六花ござ陶酔」ではその方法がとれないので、紙屑を櫛・笄に書き換えたのだと判る。

第一の問題事項は、紙屑を櫛・笄に書き換えるについて、何か理由があるのかということである。これの回答は、新刊「歌麿の歌まくら秘画帖」を参照すると直ぐに判る。同書は、第一部歌まくら、次が第二部ねがいの糸ぐち、最後に第三部小町びきと三つの歌麿春画を集めて掲載している。第三部小町びきの問題であるので、その前の第二部ねがいの糸ぐちの頁を繰ってみると、そこに「図六花ござ陶酔」の図柄と台詞がそっくりな「図八敷ござ裸身」の春画が出ている。女の顔の先には櫛・笄が転がっており、それに原図の縮小図である全構図には、男女の足先に紙屑が散らばっている。この「図八敷ござ裸身」の画図を眺めると、小町引写し「図六花ござ陶酔」の紙屑を修整した実行者らは、新刊「歌麿の歌まくら秘画帖」を知悉していて、紙屑の書き換えの修整なら櫛・笄へと即座に反応した人たちだと判るのである。

第二の問題事項は、その紙屑を修整した人たちは、画文堂編集部が指摘した、ノーベル書房「日本枕絵大観わじるし」の贋作のように「画学生をして春画を筆で偽物を書かせた」のであろうかという問題である。つまり肉筆春画帖は、何かの肉筆画が存在していたのか、それとも最初から贋物絵を描き下ろしたのかという贋物作成方法の問題である。明治時代には春画を外国に売り付けて儲けを狙ったが春画が品切れ状態で、木版画や肉筆画の贋作が流行したことは、当時の新聞記事（読売新聞コピーサービス明治二五年七月一〇日付録）にある。そんな贋作絵を土台に使って肉筆春画帖の贋作をしたのではないかという問題である。土台に使えそうな絵では、歌麿研究会編『日本浮世絵大集第二巻秘版歌麿』（紫書房昭和二八年）のグラビアに背景・台詞がない「絵本小町引」全図の縮写部分絵が四頁にわたり掲載されている。その中に「図六花ござ陶酔」の絵もある。紫書房のグラビアの絵は、紙屑のない絵であり、男の腕に抱きついている女の手指が両手の手指を原図のとおりに写してあるのに対し、肉筆春画帖「図六花ござ陶酔」の絵は、紙屑が櫛・笄に修整された絵であり、女の手指が四本不足している。全体的に見て絵の出来具合では、紫書房のグラビアの絵は丁寧な仕事であり、肉筆春画帖の絵は粗雑な仕事に見えるのである。この紫書房のグラビアの絵について、林美一著『江戸枕絵集成喜多川歌麿・正』（河出書房新社一九九〇年・九九－一〇〇頁）は「明治か大正に全図を彫直した偽板」としていた。その後、林美一著『江戸枕絵集成喜多川歌麿・続』（河出書房新社一九九三年・一九〇頁）は、「調査を進めた結果、明治年間刊行のアルバム式の折帖一冊本で、上袋に墨摺で「歌麿絵巻」と題しており、富岡永洗作「八雲の契り」の帖体裁と酷似し、富岡永洗作品を真似た豪華な艶画帳が矢つぎ早に刊行されたものと同類の作品である」旨と前著の内容を補正した。土台に使えそうな現存した絵からの検討では、肉筆春画帖が古物の絵を土台に利用したと考える余地はない。特に、絵画では最後の一筆を入れて絵が完成に至るので、完成時点において贋作絵の作成が完成する。したがって、画文堂編集部が指摘したノーベル書房の偽物絵作りの方式のように、最初から贋物絵を描き下ろして肉筆春画帖の贋作が完成したと認定できるのである。

第三の問題事項は、図六の紙屑修整以外に問題視すべきものはないかという問題である。「図七髪すき鏡台」については腰巻きの加筆が認められるが、これは小規模な陰毛の範囲を覆ったものであり、特に悪質な贋作の手口として取り上げるほどのものではない。「図六花ござ陶酔」画中の紙屑の修整は、肉筆春画帖の贋作の実行行為であり、これには疑問の余地はなく、他に図六の紙屑修整以外に問題視すべきものはない。

（2）季刊浮世絵九六号の小町引寄稿文による小町引写し「図六花ござ陶酔」の台詞補正

画文堂は、会社出版業務として、歌麿の歌まくら秘画帖〈カラー版〉の新版を発行し、季刊浮世絵八四号に収載の肉筆春画帖の贋作を実行した。その後において季刊浮世絵九六号の誌上で小町引写し「図六花ござ陶酔」の台詞補正を行った。この台詞補正記事を掲載した事実は、季刊浮世絵の誌上において実行されているので、肉筆春画帖における贋作を自認して補正した行為として評価されるものである。

昭和五九（一九八四）年一月五日発行の季刊浮世絵九六号に、研究者渋井清の昭和五八年一一月一日付け「絵本小町引・もと題簽の発見と刊年や図柄の検討及び序文付文への考察」なる寄稿文が掲載された。その考察の内容は、右寄稿文標題の順序・内容のとおりであり、浮世絵書誌学で問題になっていた「絵本小町引」の題簽つきの作品が発見され、これにより外題を「小松引」とする少数研究家の所説は誤りであることが明白になったとする。

そして、新発見の小町引の本体一二図についてそれぞれ解説するが、その画図番号と画題は、「図一裸男の背、図二女郎の大陰唇、図三女衆に茶臼女郎、図四腹やぐら腰ふね、図五角かくし女を後から、図六のめり茶臼、図七尻やぐら曲取り、図八湯上がり女を後から、図九振袖新造とチョンのマ、図一〇菊の花の咲く籬を画いた屏風前の少女と少年、図一一地者にかかる男、図一二髪を結わずともいいわさ」

と、いうものである。

研究者渋井清による肉筆春画帖「図六花ござ陶酔」の台詞補正については、次の記載がある。その画題を「六のめり茶臼」としており、「はだかの男の上に、女は高く尻をあげて向こうから手前の方に、のめり落ちそうな図柄である。」との説明があり、これに台詞が続いており、

「ちっと休もふ、丁度五丁めだ、かうじまちなら、いわきますやだが、こっちが浮気ますやだ、てまえもやるそうで、まるで、あたまへ水てっぽうをつくようにあたる。たこやくし女来、ありがたやありがたや、そのかわりに、目黒までいったほど、くたびれる」

と、いうものである。前記「歌磨の歌まくら秘画帖〈カラー版〉の新版発行における修整」において東大路解説を掲記したが、そこでの紙屑の数量が判らないように作業した個所は、「丁度五丁めだ、」と補正されている。これにより「図六花ござ陶酔」の図中の「紙屑四山」を「櫛・笄」への修整と台詞が復活し、これにより補正ができたのである。

研究者渋井清は、絵本小町引全一二図のうち、「図四腹やぐら腰ふね、図六のめり茶臼、図七尻やぐら曲取り、図一二髪を結わずともいいわさ」の四図を全浮世絵中の絶品と賞賛し、文芸復興期のミケランジェロも達し得ていなかったと賛美するほどである。そして、「この図柄をたしかめたいと思う方は、「画文堂の歌磨の歌まくら秘画帖（カラー版・昭和五五年版）」を購入して見てください」としている。

（五）肉筆春画帖の贋作日確定とその意義

（1）肉筆春画帖は昭和五五年九月二五日から翌五六年一月五日までの間に贋作実行されたこと
肉筆春画帖の贋作日の確定を検討する。この贋作日は、これを確定する直接証拠が見当たらないので、

関係証拠を綜合して贋作期間として確定することになる。季刊浮世絵八四号の編集期間ばかりではなく、紙屑修整問題の調整で「歌麿の歌まくら秘画帖〈カラー版〉」の新版発行とも関連しているので、「歌麿の歌まくら秘画帖〈カラー版〉」の新版発行日から季刊浮世絵八四号の雑誌発行日までの間とするのが適切である。したがって、昭和五五年九月二五日から翌五六年一月五日までの間に肉筆春画帖の贋作が実行されたと認められる。よって、肉筆春画帖の贋作日確定の意義を、以下に検討することにする。

（2）明治の女流絵師・上村松園作肉筆春画帖なる研究データは虚妄であること

鈴木論文は、「明治期における背景表現の喪失による春画終焉」なる仮説を明治の女流絵師・上村松園作肉筆春画帖なる研究データをもって検証するとした。しかし、明治の女流絵師・上村松園なる人物は虚妄の春画絵師である。その作成したとされる肉筆春画帖は昭和五五年九月二五日から翌五六年一月五日までの間に贋作された春画である。したがって、明治の女流絵師・上村松園作肉筆春画帖なる研究データが虚妄であることは論ずるまでもない。前記したとおり、「偽物絵と決定されると、これは蜃気楼の如きものであり、どんなに立派な説明を試みても一瞬のうちにすべてが雲散霧消してしまう」ことになったのである。

（3）虚妄データによる春画終焉仮説の検証は論文不正であること

鈴木学位論文は、学位論文題目「近世春画・春本の図像研究—その背景表現への考察—」をもってその提唱する「明治期における背景表現の喪失による春画終焉」なる仮説を証明するべく検証作業をなすとしたところであるが、これが虚妄データによる検証であることが明白になった。したがって、論文不正に該当し、的確な問責こそが必要とされる事犯である。

4 検証の成果

（一）鈴木論文の記述

本書では、検証作業の次の段階を「第二次春画終焉仮説の検証」と呼称してその実証的な作業成果を見守ったところであるが、鈴木学位論文は、「「背景表現」はいっさい描かれていない。」とその提唱する「明治期における背景表現の喪失による春画終焉」仮説に沿う記述をした。これは、全面的に仮説検証の成果が得られたとする記述と解するほかない。

（二）検証の成果の判断

鈴木学位論文は、「「背景表現」はいっさい描かれていない。」と記述しているが、この記述は、贋作春画を利用して検証を行い、検証の成果を偽ったものであり、明らかに事実に背反して虚構であって、その検証評価を肯認し難いと判断されるので、論文不正として的確な問責が必要とされる。

五 総括

1 鈴木論文の記述

鈴木学位論文は、終章「消えゆく、春画の背景」の第五節「本研究の結論」において、「明治時代に入り、この盤石な文化基盤がしだいに崩れ始める。明治の新政府は、明治元（一八六八）年にさっそく出版物の事前検閲を行う布告を発布し、翌年の明治二年（一八六九）には好色記事を出版する者を罰する条例を定めた。しかしそのような出版規制にもかかわらず、明治期に入ってもしばらくは春画は描かれ続けた。先に上げた富岡永洗の『八雲の契り』や武内桂舟の『夜ざくら』なども、そうした明治期を代表する春画刷物のひとつといえよう。それが日露戦争後の明治四十年頃からほとんど描かれなくなる。春画はこの頃を境にしだいにその姿を歴史の舞台から消していくことになった。日本において春画文化の伝統が完全に途絶えるのは、明治時代の末期である。こうした春画衰頽の要因を明治政府の厳しい出版規制に求めるのはたやすい。けれどもはたしてそれら官憲の取り締まりだけで、春画文化を絶滅の彼岸へと追いやることができるのだろうか。」

と記述したが、この文中には、「富岡永洗の『八雲の契り』や武内桂舟の『夜ざくら』など」は記載されているものの、明治期における背景表現の喪失による春画終焉仮説検証の主位とした「明治の女流絵師・上村松園の肉筆春画帖」の記載を欠如している。そのまま、

「本論は、その変わり目を明治二十年代から三十年代にかけての春画をめぐる〈場〉の転換に求めた。場の転換とは、より具体的にいえば、人びとの春画に対する認識の変化である。別な言い方をすれば、春画に対する概念の変化ともいえよう。（略）したがって江戸時代においては、「性的なもの」に見えるものでも〈性的な視座〉のみに囚われた見方をしていなかった。この微妙な認識の違いがわからなければ、明治時代に引き起こされたその変わり目も見えてこない。では、その変わり目で何が起こったのか。それは明治二十年代から三十年代にかけて、「性的なもの」に見えるものをすべて〈性的な視座〉のみから捉えるようになったのである。しかもこの性交表現に限定した眼差しにより、春画から背景表現が失われ、猥褻の眼でみられた春画史がつくられていったのである。」

と記述が続く。要するに、富岡永洗の八雲の契り、武内桂舟の夜ざくら、作者不明の「水の出花」、楊洲周延の「秘画帖」、富岡永洗（風）の「好色画帖」及び明治の女流絵師・上村松園作肉筆春画帖を提示しての背景表現の喪失による春画終焉の仮説の検証は、その成果を得ることができなかったのである。仮説の実証

的な検証という概念は、鈴木論文の学問としての実証の過程には存在していない。単に論理を駆使して結論に都合よく、春画終焉の「春画史」を作出したに過ぎないことは明らかである。鈴木論文は、最後に、「本研究は、その転換した〈場〉の経緯を探ると共に、それ以前の春画の認識を復元することにあった。研究すべき課題が多く、春画文化の実態を把握する重要な難問も残されている。（略）ただそれらは今後の課題とし、本研究によって少しでも春画が〈性的な視座〉の軛から解き放たれ、誰もがその多様な見方を楽しめるようになることを願うばかりである。」と空疎な記述を閉じ、学位論文の結論とした。

2　意見

鈴木堅弘学術博士の学位論文は、詳述したとおり、その内容は無価値な論文にして、その論文不正の悪質であることは明白に認められる。よって、総合研究大学院大学長は、学位を授与した同学術博士に対し、同大学学位規則第二三条に定める「本学の学位を授与された者が、不正の方法により学位の授与を受けた事実が判明したとき」に該当するので、学位授与の取消し等の所定の措置をなすべきものであると思料される。

（平成三〇年一〇月一七日付通報の引用終了）

二　総研大の回答と情報公開請求

1　令和二年二月三日付け総研大本調査を行わない回答

2　令和二年二月一〇日付け本調査を行わない回答への情報公開請求・回答形成の全書類請求

令和二年三月一三日付け一部開示決定・四月一三日開示文書送付ー②令和二年一月二四日山下委員作成第二回委員会配布資料「鈴木堅弘博論告発に対する予備調査」、③令和二年一月三〇日永田委員長

説明第三回委員会配布資料「鈴木堅弘に対する告発に関する予備調査報告書（案）」、④令和二年一月三一日学長報告の総研大予備調査委員会最終版「鈴木堅弘に対する告発に関する予備調査報告書」の各開示

開示された各予備調査報告書の全文は次のとおりである。

②　令和二年一月二四日山下委員作成第二回委員会配布資料「鈴木堅弘博論告発に対する予備調査」

令和元年一二月一三日付で本学に送付された[redacted]（ママ）による外部告発により、鈴木堅弘氏の学位論文「近世春画・春本の図像研究―その背景表現への考察―」に対して、本学研究活動の不正行為への対応に関する規程（以下、当該規程）に基づく博士論文取り下げの勧告がなされた。これにつき、以下の通り予備調査の結果を報告する。

まず告発文では、当該規程第二二条第一項に基づいて、論文の取り下げ勧告をするよう要望されているが、この規定は不正行為の被認定者が「本学に所属する」場合に適用されるものであり、すでに本学の籍を離れた鈴木氏は該当しない。適用されるとすれば、同条第三項であるが、以下ではとりあえず第二二条第一項の適用範囲に該当するとの前提で、論文の取り下げ勧告がなされるべきか検討する。

鈴木氏が自身の博士論文の論証データーとして利用した上村松園作とされる『肉筆春画帖』なる資料が贋作の疑いがあるとしても、その作成に鈴木氏自身が関与したわけでないのは明らかであり、データーの捏造や改竄があったとはいえない。現時点では、当該資料が贋作だとしても、鈴木氏による博士論文での利用はせいぜい誤認や誤用にとどまるものであり、そのことは同氏の研究者とし

ての未熟さや不見識を意味するかもしれないが、本学が定める研究活動の不正行為に関する規程第二条に定める行為には該当しない。

なお、鈴木氏の資料操作に難があることは、博士論文の審査においても、終章の「明治以降にすすむ春画の衰退の仮説は論証が性急である」として指摘されているところであり、研究方法の改善に努めるよう求められていることは、博士論文の審査報告書において明記されている。鈴木氏の博士論文はそのような短所があることを踏まえて学位を認定されたものであり、そこには「春画の背景表現」という研究視角の着想とその開拓、江戸人の春画に対する多様な表現方法と鑑賞態度の立証といった既存の研究にはない独自の価値があると見なされ、今後前述のような短所の克服がなされることを期待するという教育的配慮のうえで学位が認定されたのである。鈴木氏が上村松園作とされる『肉筆春画帖』を自ら偽作したという事実は成り立ちえないのであるから、このような教育的配慮も加味してなされた審査委員会の結論は妥当なものである。また、前回の報告書でも指摘されているように、鈴木氏は当該『肉筆春画帖』以外にも多くの資料を俎上に乗せて論証に努めており、『肉筆春画帖』を実証資料から外しても、同氏の論旨に大きな変更が生じたとは考えられない。実際小柳氏（ママ）による前回通報文（平成三〇年一〇月一七日付）でも記されていることだが（一六頁）、学位論文の最終結論部分においては、他の資料には改めて言及がなされているものの、『肉筆春画帖』については触れられていない。このことは、当該資料が鈴木氏の全体の論旨のなかで必ずしも核心的な地位を占めているわけではないことを示している。

告発文では、その後、博士論文をもとに出版された鈴木氏の著書や大英博物館展示会図録への同氏の寄稿も告発の対象となっているが、これらは本学における学位取得後の活動であり、また同氏はこの時すでに本学に籍を有していないので、その言動の是非を本学が審理することはできない。

以上の通り、鈴木氏の学位論文は当該規程第二条で定める不正行為（捏造、改ざん、盗用）には該当せず、学位論文の取り下げが勧告されるケースには当たらないと考えられる。

③　令和二年一月三〇日永田委員長説明第三回委員会配布資料「鈴木堅弘（文化科学研究科国際日本研究専攻、平成二四年九月修了）に対する告発に関する予備調査報告書（案）」

1．予備調査委員会設置の経緯

本学は、令和元年一二月一六日に[redacted]より鈴木堅弘（文化科学研究科国際日本研究専攻、平成二四年九月修了）に対する「鈴木学位論文に係る総合研究大学院大学における研究活動の不正行為への対応に関する規程違反の告発」（令和元年一二月一三日付の書簡）を受け取った。

これを受けて、本学の「国立大学法人総合研究大学院大学における研究活動の不正行為への対応に関する規程（以下、「規程」という。）」第一一条に基づいて、告発事案について本調査の要否を判断するための予備調査を実施した。

2．予備調査委員会の体制

規程第一一条第一項に基づいて最高管理責任者が指名した予備調査委員会の委員長

○永田　敬：理事（教育・研究・国際・ＩＲ）・副学長

規程第一一条第三項に基づいて委員長が指名した予備調査委員会の委員

○荒木　浩：国際日本研究専攻・教授（国際日本文化研究センター副所長）

○瀧井一博：国際日本研究専攻・教授（国際日本研究専攻長）
○山下則子：日本文学研究専攻・教授（前文化科学研究科長）

3．予備調査委員会の開催

○予備調査委員会（第一回）：令和二年一月一〇日（金）
・研究不正にかかる告発について
・今後の予備調査委員会の作業について
○予備調査委員会（第二回）：令和二年一月二四日（金）
・予備調査報告書（案）について
○予備調査委員会（第三回）：令和二年一月三〇日（木）
・予備調査の結果について

4．予備調査の結果

本学修了生鈴木堅弘に対して、研究活動の不正行為として[redacted]氏（ママ）から告発のあった事案について、以下の通り予備調査の結果を報告する。

告発において不正行為とされた研究活動は、鈴木氏による「贋作春画を論文データに利用する論文不正」および「虚偽の内容の解説文を捏造して大英博物館春画展図録に記載する論文不正」であり、[redacted]氏（ママ）はそれらが規程第二条第一号の「捏造」に該当すると主張している。

まず、「贋作春画を論文データに利用する論文不正」については、鈴木氏が自身の博士論文『近世春画・春本の図像研究ーその背景表現への考察ー』の論証データとして利用した上村松園作とされる『肉筆春画帖』なる資料が贋作の疑いがあるとしても、その作成に鈴木氏自身が関与したわけでないのは明らかであり、データの捏造や改竄があったとはいえない。現時点ではまた、当該資料が贋作だとしても、鈴木氏による博士論文での利用はせいぜい誤認や誤用にとどまるものであり、そのことは同氏の研究者としての未熟さや不見識を意味するかもしれないが、規程第二条第一号に定める不正行為には該当しない。

なお、鈴木氏の資料操作に難があることは、博士論文の審査においても、終章の「明治以降にすすむ春画の衰退の仮説は論証が性急である」として指摘されているところであり、研究方法の改善に努めるよう求められていることは、博士論文の審査報告書において明記されている。鈴木氏の博士論文はそのような短所があることを踏まえて学位を認定されたものであり、そこには「春画の背景表現」という研究視角の着想とその開拓、江戸人の春画に対する多様な表現方法と鑑賞態度の立証といった既存の研究にはない独自の価値があると見なされ、今後前述のような短所の克服がなされることを期待するという教育的配慮のうえで学位が認定されたのである。鈴木氏が上村松園作とされる『肉筆春画帖』を自ら偽作したという事実は成り立ちえないのであるから、このような教育的配慮も加味してなされた審査委員会の結論は妥当なものである。また、前回の報告書1）でも指摘されているように、鈴木氏は当該『肉筆春画帖』以外にも多くの資料を俎上に乗せて論証に努めており、『肉筆春画帖』を実証資料から外しても、同氏の論旨に大きな変更が生じたとは考えられない。実際、小柳氏（ママ）による前回通報文（平成三〇年一〇月一七日付）でも記されていることだが（一六頁）、学位論文の最終結論部分においては、他の資料には改めて言及がなされているものの、『肉筆春画帖』については触れられていない。このことは、当該資料が鈴木氏の全体の論旨のなかで必ずしも核心的な地位を占めているわけではないことを示している。

これらの状況を勘案すれば、鈴木氏が、学位を取得するために、上村松園作とされる『肉筆春画帖』を真作として敢えて世間あるいは学術界に認知させる必要があったとは考え難い。また、鈴木氏の学位論文は、上村松園作とされる『肉筆春画帖』の真贋を明らかにすることを趣旨としたものではないことから、論文中にデータ・資料のひとつとして採り上げることをもって『肉筆春画帖』が真作であることを主張するものでもなく、ましてやその真作性を保証するものでもない。したがって、「贋作の上村松園作肉筆春画に対し、日本国の専門大学院である総研大が真作と評価する『真作保証』が発生した」とする告発者の主張に合理性を見出すことはできない。

次に、「虚偽の内容の解説文を捏造して大英博物館春画展図録に記載する論文不正」については、博士論文をもとに出版された鈴木氏の著書や大英博物館展示会図録への同氏の寄稿が告発の対象となっているが、これらは本学離籍後の活動ないし他機関のプロジェクトであり、それらを本学における研究活動として審理することはできない。

以上の通り、[redacted]（ママ）の告発による事案は規程第二条第一号で定める不正行為には該当しない、あるいは本学が研究活動の不正行為として審理の対象とすべきものではないことから、本告発事案について本調査の必要はないものと判断する。

注（1）総合研究大学院大学文化科学研究科平成二四年（二〇一二年）九月学位取得論文「近世

春画・春本の図像研究―その背景表現への考察―」に対する論文不正通報に関する予備
調査報告（二〇一八年一二月五日）

④ 令和二年一月三〇日付総研大予備調査委員会最終版「鈴木堅弘（文化科学研究科国際日本研究専攻、平成二四年九月修了）に対する告発に関する予備調査報告書」

1．予備調査委員会設置の経緯

本学は、令和元年一二月一六日に[redacted]（ママ）より鈴木堅弘（文化科学研究科国際日本研究専攻、平成二四年九月修了）に対する「鈴木学位論文に係る総合研究大学院大学における研究活動の不正行為への対応に関する規程違反の告発」（令和元年一二月一三日付の書簡）を受け取った。

これを受けて、本学の「国立大学法人総合研究大学院大学における研究活動の不正行為への対応に関する規程（以下、「規程」ともいう。）」第一一条に基づいて、告発事案について本調査の要否を判断するための予備調査を実施した。

2．予備調査委員会の体制

規程第一一条第一項に基づいて最高管理責任者が指名した予備調査委員会の委員長

○永田　敬：理事（教育・研究・国際・ＩＲ）・副学長

規程第一一条第三項に基づいて委員長が指名した予備調査委員会の委員

○荒木　浩：国際日本研究専攻・教授（国際日本文化研究センター副所長）

○瀧井一博：国際日本研究専攻・教授（国際日本研究専攻長）

○山下則子：日本文学研究専攻・教授（前文化科学研究科長）

3．予備調査委員会の開催

○予備調査委員会（第一回）：令和二年一月一〇日（金）

・研究不正にかかる告発について

・今後の予備調査委員会の作業について

○予備調査委員会（第二回）：令和二年一月二四日（金）

・予備調査報告書（案）について

○予備調査委員会（第三回）令和二年一月三〇日（木）

・予備調査の結果について

4．予備調査の結果

本学修了生鈴木堅弘に対して、研究活動の不正行為として[redacted]（ママ）から告発のあった事案について、以下の通り予備調査の結果を報告する。

告発において不正行為とされた研究活動は、鈴木氏による「贋作春画を論文データに利用する論文不正」および「虚偽の内容の解説文を捏造して大英博物館春画展図録に記載する論文不正」であり、[redacted]（ママ）はそれらが規程第二条第一項第一号の「捏造」に該当すると主張している。

まず、「贋作春画を論文データに利用する論文不正」については、鈴木氏が自身の博士論文『近世春画・春本の図像研究ーその背景表現への考察ー』の論証データとして利用した上村松園作とされる『肉筆春画帖』なる資料が贋作の疑いがあるとしても、その作成に鈴木氏自身が関与したわけでないのは明らかであり、データの捏造があったとはいえない。また、当該資料が贋作だとしても、鈴木氏による博士論文での利用はせいぜい誤認や誤用にとどまるものであり、そのことは同氏の研究者としての未熟さを意味するかもしれないが、規程第二条第一項第一号に定める不正行為には該当しない。

なお、鈴木氏の資料操作に難があることは、博士論文の審査においても、終章の「明治以降にすすむ春画の衰退の仮説は論証が性急である」として指摘されているところであり、研究方法の改善に努めるよう求められていることは、博士論文の審査報告書において明記されている。鈴木氏の博士論文はそのような短所があることを踏まえて学位を認定されたものであり、そこには「春画の背景表現」という研究視角の着想とその開拓、江戸人の春画に対する多様な表現方法と鑑賞態度の立証といった既存の研究にはない独自の価値があると見なされ、今後前述のような短所の克服がなされることを期待するという教育的配慮のうえで学位が認定されたのである。鈴木氏が上村松園作とされる『肉筆春画帖』を自ら偽作したという事実は成り立ちえないのであるから、このような教育的配慮も加味してなされた審査委員会の結論は妥当なものである。また、前回の報告書1）でも指摘されているように、鈴木氏は当該『肉筆春画帖』以外にも多くの資料を俎上に乗せて論証に努めており、『肉筆春画帖』を実証資料から外しても、同氏の論旨に大きな変更が生じたとは考えられない。実際、小柳氏（ママ）による前回通報文（平成三〇年一〇月一七日付）でも記されていることだが2）、学位論文の最終結論部分においては、他の資料には改めて言及がなされているものの、『肉筆春画帖』については触れられていない。このことは、当該資料が鈴木氏の全体の論旨のなかで必ずしも核心的な地位を占めているわけではないことを示している。

　これらの状況を勘案すれば、鈴木氏が、学位を取得するために、上村松園作とされる『肉筆春画帖』を真作として敢えて世間あるいは学術界に認知させる必要があったとは考え難い。また、鈴木氏の学位論文は、上村松園作とされる『肉筆春画帖』の真贋を明らかにすることを趣旨としたものではないことから、論文中にデータ・資料のひとつとして採り上げることをもって『肉筆春画帖』が真作であることを主張するものでもなく、ましてやその真作性を保証するものでもない。したがって、「贋作の上村松園作肉筆春画に対し、日本国の専門大学院である総研大が真作と評価する『真作保証』が発生した」とする告発者の主張に合理性を見出すことはできない。

　次に、「虚偽の内容の解説文を捏造して大英博物館春画展図録に記載する論文不正」については、大英博物館展示会図録への同氏の寄稿が告発の対象となっているが、これらは本学離籍後の活動ないし他機関のプロジェクトであり、それらを本学における研究活動として審理することはできない。

　以上の通り、[redacted]（ママ）の告発による事案は規程第二条第一項第一号で定める不正行為には該当しない、あるいは本学が研究活動の不正行為として審理の対象とすべきものではないことから、本告発事案について本調査の必要はないものと判断する。

注（1）総合研究大学院大学文化科学研究科平成二四年（二〇一二年）九月学位取得論文「近世

春画・春本の図像研究ーその背景表現への考察ー」に対する論文不正通報に関する予備調査報告（二〇一八年一二月五日）

（２）小柳氏（ママ）による平成三〇年一〇月一七日付通報文一六頁「五総括」の記述を指し、令和元年一二月一三日付告発文三〇頁にその引用がある。

バード法律事務所

弁護士　小　柳　泰　治

第二節　再度告発

一　令和二年五月二九日付け再度告発

総合研究大学院大学長　長谷川　眞理子　殿

第一部　鈴木学位論文に係る総合研究大学院大学における研究活動の不正行為への対応に関する規程違反の再度告発

一　再度告発の趣旨

1　総合研究大学院大学（以下「総研大」ともいう。）は、令和元年一二月一三日付鈴木学位論文に係る総研大における研究活動の不正行為への対応に関する規程（以下単に「規程」ともいう。）違反の告発（以下「主告発」という。）について、直ちに規程に基づき本調査を行うことを決定して委員の半数以上を総研大に属さない外部有識者で構成する研究活動不正行為調査委員会を設置し、本調査を実施しなければならない。

2　総研大は、学位記番号総研大第一五三四号博士（学術）学位を授与した鈴木堅弘に対し、博士論文の取り下げを勧告するものとする。

二　再度告発事実と規程条文

1　再度告発事実

鈴木堅弘は、主告発書第一部の「三告発の理由」記載の不正行為を行ったものである。

2　規程条文

鈴木堅弘の右行為は、規程第一条、第二条及び第三条に該当し、第二二条第一項により鈴木堅弘に対し学位が授与された博士論文の取り下げを勧告するのが相当である。

三　再度告発の理由

1　主告発に対する予備調査結果の通知と情報公開請求

総研大学長から令和二年二月三日付総研大企第八一号通知により主告発に対する調査結果の通知を受けた。この通知は、標題が「鈴木学位論文に係る総合研究大学院大学における研究活動の不正行為への対応に関する規程違反の告発について（通知）」とあり、その全文は、

「令和元年一二月一三日付で貴殿から告発のあった標記の件について、「国立大学法人総合研究大学院大学における研究活動の不正行為への対応に関する規程」に基づく予備調査を行い、告発された事案を本学における研究活動の不正行為とする合理性のある理由が見出せないとの調査結果により、本調査を行わないことを決定した旨、通知いたします。」

というものである。

この通知を受け取り精査するうちに、通知文にある「規程に基づく予備調査を行い、」の前段の記述と、これに続く「告発された事案を本学における研究活動の不正行為とする合理性のある理由が見出せないとの調査結果により、本調査を行わないことを決定した」の後段の記述とが、文章としての釣合いがとれない、ちぐはぐな記述であることを発見した。総研大の規程は、その倫理法的性格から告発事案の予備調査と本調査においては民主的な透明性の確保と合議制の充実を目的として厳正に実施することを命じており、本当に規程に基づいた前段の予備調査が実施されていたならば、後段のような間延びのした暢気な記述にはならないはずである。そこで、令和二年二月一〇日にこの通知に対する情報公開請求を行った。同年四月一三日付事務連絡により予備調査委員会議事録等の開示文書の送付を受けた。

2　規程違反の予備調査の是正

同開示資料を既に開示を受けていた別の資料も参照して検討した。その結果、総研大が故意に規程に違反して予備調査委員会調査報告書を作成し、本調査を実施せずに現に本調査を遅滞していることが判明した。前記のとおり総研大では、規程により民主的な透明性の確保と合議制の充実を目的として調査が実施される建前であり、この前提の下に予備調査と本調査による段階的調査制を採用している。総研大では、かかる段階的調査制に着眼して規程に違反してでも、予備調査を形式的に実施しただけで調査終了を宣言する方式を案出したものである。これを総研大の「本調査棚上げ方式」と呼称することにする。その方式は、予備調査委員会の委員に委員被選任適格を欠如する総研大山下則子教授を指名し、山下委員に同委員会の予備調査委員会調査報告書を作成させる手法である。平成三〇年一〇月一七日付鈴木堅弘の学位取消し等の本弁護士からの通報案件は、山下則子教授が自身一名作成のA四版用紙一枚の「学位取得論文に対する論文不正通報に関する予備調査報告」を理由書にして同年一二月一九日付総研大回答により「平成三〇年一〇月一七日付で貴殿から寄せられた論文不正について（通報）については、当該論文に不正を確認することができませんでした。」と通知され、同案件が終了するほどの威力を示したという圧倒的な成功体験があった。告発案件では規程上三名以上の委員から成る合議体が予備調査の審査を担当するが、山下教授に二名の委員を付けて予備調査委員会を組織しておけば予備調査を形式的にせよ実施したことを装い、予備調査を終了したが本調査へは移行しないと宣言できる。かかる「本調査棚上げ方式」は故意に規程に違反しており法律的には効力を有しないことは明らかであるので、再度、主告発のやり直しを行い規程違反を是正する必要がある。予備調査終了宣言後において本調査への移行を求める国民の申立手続としては、わが国は法治国家であるので訴訟問題としてこれをなし得ることに加え、再度告発による救済手続に依ることも明文の禁止がないので適法になし得る。速やかに規程違反の是正をなすべきである。

第二部　関係資料

主告発書第一部及び同第二部の関係資料は、本再度告発の関係資料として援用する。

二　総研大の回答と情報公開請求

1　令和二年六月二九日付け過去の告発と同一内容につき不受理とした旨の一事不再議の総研大回答

2　令和二年七月七日付け不受理回答への情報公開請求・明文の規定条文、意見形成の全書類請求

令和二年八月七日付け一部開示決定・九月四日開示文書送付ー総研大規程写の虚偽文書開示

第三節　虚偽公文書告発

一　令和三年一月二八日付け虚偽公文書告発

バード法律事務所
弁護士　小　柳　泰　治

国立大学法人総合研究大学院大学学長　長谷川　眞理子　殿

国立大学法人総合研究大学院大学学長が令和二年二月三日付でした鈴木学位論文に係る規程違反の告発について本調査を行わない旨の処分に関する告発

一　告発の趣旨

1　国立大学法人総合研究大学院大学学長は、本弁護士に対し、令和二年二月三日付でした本弁護士が令和元年一二月一三日付で告発した鈴木学位論文に係る国立大学法人総合研究大学院大学における研究活動の不正行為への対応に関する規程違反の告発について本調査を行わない旨の処分（総研大企第八一号通知）を取り消せ。

2　国立大学法人総合研究大学院大学学長は、本弁護士が令和元年一二月一三日付でした鈴木学位論文に係る国立大学法人総合研究大学院大学における研究活動の不正行為への対応に関する規程違反の告発について規程に基づき本調査を行うことを決定せよ。

二　告発の理由

1　虚偽公文書により本調査の実施を隠蔽して敢行された本調査を行わない旨の処分

（一）国立大学法人総合研究大学院大学（以下「総研大」ともいう。）は、総研大企第八一号通知については「最終版予備調査報告書」に基づき本調査を行わないことを決定した処分を本弁護士へ告知したに過ぎないものとしている。しかし、その告知の根拠とした「予備調査報告書」は、その体裁・内容ともに本調査を既に実施した結果を公表した「本調査報告書」であり、本調査は既に実施されていたのにこれを隠蔽して本調査を行わないことを決定したという内容虚偽の報告書であった。その上、この内容虚偽の報告書は、公務員の無形偽造として学長の印章があるものであり、刑法第一五六条の虚偽公文書作成等に該当する犯罪の嫌疑がある公文書なのである。

（二）予備調査委員会の令和二年一月二四日開催の第二回委員会において、山下委員がその作成の「鈴木堅弘博論告発に対する予備調査」と題する予備調査報告書原案を配布した。同原案は、論述の中心部分を「まず」と書き出し、これに続けて「なお」と記述を書き続けるという簡便な報告書形式の文書である。永田委員長は、この原案に対する検討を発案し、同原案の緊急検討の指示をした。令和二年一月三〇日開催の第三回委員会において、緊急検討を踏まえて作成した「鈴木堅弘（文化科学研究科国際日本研究専攻、平成二四年九月修了）に対する告発に関する予備調査報告書（案）」と題する予備調査報告書案を配布した。同予備調査報告書案は、その形式が山下委員の簡便な報告書形式から変わって、規程の別紙が定めている本調査報告書形式に変更した新規の報告書の形式である。その内容も、山下委員原案の「まず」と書き「なお」と書き続ける形式に続けて、新規に「これらの状況を勘案すれば、」との段落を作成してこれに本調査に移行しなければ実施できない告発を非難する悪意の告発の記述がされており、この段落の記述を含めて多数の本調査を実施した内容の記述を新規の報告書の中に取り込んでおり、本調査を実施した内容に変更した新規の報告書が出来上がっている。つまり予備調査報告書が本調査報告書に一変したのである。議事録には、「予備調査報告書の原案について意見があった点については、加筆・修正し、委員長一任として最終版とすることとなった。」との議事の記載がある。

（三）永田委員長は、その後に、令和二年一月三〇日の予備調査報告書案から、議事のとおりに加筆・修正して最終版予備調査報告書を完成した。そして翌日に規程に従い総研大学長への所定の報告をした。新報告書は、鈴木博士論文不正案件調査において予備調査を終了し、本調査へ移行した内容の行政行為の存在を明示していることが確実に認められる。他方総研大は、この行政処分が予備調査として継続実施されており本調査へ移行したことはないとするが、予備調査委員会が本調査を嫌悪している事実という内容虚偽報告書を利用する動機を立証できたことに加えて、規程の定める本調査へ移行した法的手続のうち本調査報告書形式による公表や悪意の告発の記述をした等の本調査実施の諸事実が認定できる。これを総合して判断すると本調査報告書である最終版予備調査報告書を予備調査報告書であると詐称していた事実を認めることができるのである。したがって、本調査を行わないことを決定した処分（総研大企第八一号通知）は、行政行為の公定力を欠如し、当然無効であることが明白であるので、その処分の取消を求めなければならないことになる。そこで、総研大に対し自発的かつ任意の是正を求めることにし、令和二年五月二九日付「再度の告発」を行ったのである。しかし総研大は是正することを嫌って単に不受理としたとの回答をしただけであった。この一連の事実関係に照らすと、国民としては刑事告発を考慮すべきものであるが、現時点では、本件告発の推移を見守り事案の是正措置に期待することとするものであろう。

2　総研大の本調査への嫌悪

総研大の行政行為は、本調査への嫌悪を明示している。それは鈴木学位論文不正と同様な事案と対照して検討すると明白に証明できる。わが国において平成二四年頃に論文作成されて相当年数経過後に不正が発覚した大学における論文不正案件は、現在のところ合計三件が判明している。その予備・本調査実施状況及び犯情等はそれぞれ次のとおりである。これによると総研大の処理は本調査への嫌悪を示しており劣悪な行政行為であると判断される。

（一）東洋英和女学院大学が令和元年五月一〇日に公表した被告発者の東洋英和女学院院長・東洋英和女学院大学教授深井智朗に対する論文不正案件では、主要事実としては、平成二四年五月岩波書店から刊行した『ヴァイマールの聖なる政治的精神』の四頁にわたる記述中に著者が実在しない人物の論文を記述したとする論文作成があり、平成三〇年一〇月に不正が発覚した。論文作成から七年を経て調査が開始された案件であり、予備調査から本調査へと調査が進展しており、本調査委員会の構成は、学内者と学外者各三名宛計六名の委員である。捏造と盗用を認定された被告発者は、勤務先大学を懲戒解雇された。不正書籍を出版した岩波書店は、同書籍を絶版にして全部回収した。

（二）国立大学法人京都大学が令和二年二月以降発表し八月七日に全容公表した被通報者の京都大学大学院人間・環境学研究科学生（氏名秘匿）に対する論文不正案件では、主要事実としては、平成二三年の元論文書籍から大学紀要誌論文への論文盗用と翌二四年の同大学院博士学位論文における同論文盗用の論文不正事案であるが、令和元年五月に不正が発覚した。論文作成から八年を経て調査が開始された案件であり、調査は予備調査から本調査へと調査が進展しており、本調査委員会の構成は、部局調査委員会と本部調査委員会が各担当した。部局調査委員会の構成は、学内者と学外者各三名宛計六名の委員であり、本部調査委員会の構成は、学内者と学外者各五名宛計一〇名の委員という規模の大きい調査が実施された。調査の結果、研究活動上の不正行為である盗用が行われたものと認定された。博士学位取消については、京都大学の所定の担当部局が取扱中であるとのことである。

（三）総研大から平成二四年に学位記番号甲一五三四号博士（学術）学位の授与を受けた鈴木堅弘に対する論文不正案件では、平成三〇年一〇月に本弁護士が論文不正を認知して通報したが、論文作成から七年を経て調査が開始された案件ということになる。調査は、全て予備調査である。調査委員は、通報では学内者一名であり、告発案件では学内者の委員長一名と委員三名の計四名である。その調査過程と内容において、東洋英和女学院大学の事案及び国立大学法人京都大学の事案と対照して検討すると、明白に本調査への嫌悪を示している事実が認定できるのである。

3　日本画家上村松園の画業と名誉の毀損

（一）敗戦混乱期における文化勲章受章等の関係であるが、本弁護士は、昭和一一年一月出生の敗戦混乱期の少年時代に新制度の学校で担任教師から日本画家上村松園の七三歳での文化勲章受章を学んで戦後復興を象徴する画業に感激した。同世代の少年少女は、既にその多くは鬼籍に在るが、日本画家上村松園と聞くとき敗戦による「物」の窮乏を日本画に象徴される「心」の繁栄が再興するものと学んで確信した日々を想起することであろう。その後設けられた「上村松園賞」の受賞者五人から第一回受賞の日本画家秋野不矩が九一歳で、第四回受賞の同小倉遊亀が八五歳で文化勲章受章の栄誉にも輝き、長男の同上村松篁も八二歳で文化勲章を受章したわが国の美術において日本画家の頂点である上村松園への尊敬の念を深めてきたのである。

季刊浮世絵八四号に掲載された上村松園の贋作春画を実見し、一目で贋作と認識した。ところが、文化科学研究科長山下則子作成の二〇一八年一二月五日付「論文不正通報に関する予備調査報告」を情報公開

請求で開示を受けたが、次の、

「　贋作の認定は大変難しくそれを実証する資料も乏しく、小柳氏がその告発状の大部分を割いて指摘した「肉筆春画帖」の贋作作成の実態も、可能性としては十分に想定しうるが、当該作品が贋作である実証性を完全に備えているとは言いがたい。」

との評言を読み、文化科学研究科長であるならば何故自ら本弁護士立証の誤謬を指摘する目的をもって検証を実行しないのかと疑念を抱いたのであった。日本国の司法の手法により春画の贋作を断定できるのに、単にその作業の労を嫌ったのであろうかと、その地位を怪しんだのである。

(二)　鈴木学位論文は、日本画家上村松園の画業名誉を毀損し及び論文の学術性を欠如している。これについては、鈴木学位論文が、博士学位論文に名を借りて日本画家上村松園の画業名誉を毀損し及び論文の学術性を欠如している関係事実について通報及び既告発の関係証拠により立証を尽くしたところである。総研大には、本件告発に真摯に向き合って本調査を実施することを求めたい。

二　総研大の回答と情報公開請求

1　令和三年二月一〇日付け過去の告発と同一内容につき不受理とした旨の一事不再議の総研大回答

2　令和三年二月一八日付け不受理回答への情報公開請求・明文の規定条文、意見形成の全書類請求

令和三年三月一九日付け一部開示決定・四月二一日開示文書送付―総研大規程写の虚偽文書開示

第四章　刑事告発

一　令和三年七月一五日付け刑事告発

告　発　状（原文左横書き）

横浜地方検察庁検察官　殿

バード法律事務所

告発人　弁護士　小　柳　泰　治

被告発人

居所　〒240－0193神奈川県三浦郡葉山町上山口字間門1560－35

国立大学法人総合研究大学院大学

電　話046（858）1500（代表）

FAX046（858）1541

被告発人　国立大学法人総合研究大学院大学学長　長谷川眞理子

被告発人　国立大学法人総合研究大学院大学理事兼副学長　永田　敬

1　告発の趣旨

告発人は，告発事実について被告発人に対し厳正な捜査処理を求めるため，本件告発に及ぶものである。

2　告発事実

被告発人長谷川眞理子は，神奈川県三浦郡葉山町上山口字間門1560－35に主事務所を置く国立大学法

人総合研究大学院大学の学長にして，国立大学法人総合研究大学院大学における研究活動の不正行為への対応に関する規程（以下単に「規程」ともいう。）に基づく同大学の公正な研究活動推進の最高管理責任者であり，被告発人永田敬は，同大学理事兼副学長で同活動推進の統括管理責任者として最高管理責任者を補佐し，本件告発人が令和元年12月13日付けで告発した鈴木学位論文に係る規程違反告発事案について本調査を実施する権限のない予備調査委員会の委員長の職務に従事していたところ，被告発人両名は，

第1　令和2年1月24日開催の予備調査委員会第2回会議で山下則子委員から，鈴木堅弘に対する学位授与論文の取下勧告を求める規程違反告発事案の「告発の趣旨」に即応した予備調査報告書原案の資料配付を受けるや，かねて衆智を集める民主的制度である規程の本調査を嫌悪しており，この際同告発事案の本調査を行わないことの決定を急ぐため，同予備調査委員会が本調査を実施して山下委員原案に改変を施し，同告発事案を悪意の告発であると認定して非難する等の内容虚偽の予備調査報告書を作成行使しようと企て，共謀の上，行使の目的で，その旨の内容虚偽の予備調査報告書の案文である「鈴木堅弘に対する告発に関する予備調査報告書案」を作成し，同月30日，同大学の主事務所で遠隔会議方式により開催の予備調査委員会第3回会議において，被告発人永田が，同内容虚偽の予備調査報告書の案文を議案にして議事を主宰し，以下①から③までに記載の内容虚偽である，

①　調査報告書全体について，本調査を実施して山下委員原案の全てを規程が本調査の書式として定める「本調査報告書」の書式に則り内容虚偽の報告書に改変し，報告書の名称を「予備調査報告書」の旧名称のままにしておき，これが予備調査の実証的な検証を経た真正な報告書であるかのように装いながら本調査実施の事実を全部隠蔽する証跡隠蔽工作を敢行する事実，

②　山下委員原案の主記述について，主記述中に「これらの状況を勘案すれば，」との記述を総括する段落を新設し，この段落に「したがって，「贋作の上村松園作肉筆春画に対し，日本国の専門大学院である総研大が真作と評価する『真作保証』が発生した」とする告発者の主張に合理性を見出すことはできない。」との同告発事案を悪意の告発であると認定して非難する内容虚偽の文章を記述する事実，

③　山下委員原案の主記述の終末について，その末尾に唐突に「本告発事案については本調査の必要はないものと判断する。」との実証的な検証をしておらず単に規程条文を転記しただけの内容虚偽の文章を記述するとともに，同虚偽の文章を最高管理責任者が本調査を行わないことを決定したときに行う告発者通知において内容虚偽の通知文に使用するため準備しておく事実，

の各事実のほかに誤記修正についても委員の賛同を得て議事の終了に至り，翌1月31日，その旨内容虚偽の予備調査報告書1通を作成し，これを学長宛て報告原議書綴に添付し，同原議書の「理事・副学長」欄に「永田」と刻した印鑑を押印して同学長へ予備調査委員会の議事報告をし，同学長が同報告を承認する手続を完了し，これをもって有印公文書である内容虚偽の予備調査報告書1通を作成し，これを同大学法人文書管理手続を行う同大学総合企画課が学長宛て報告原議書綴中に保管して同課に備え付け，もって虚偽の有印公文書を作成して行使し，

第2　最高管理責任者が告発者通知を行うに当たり，前記予備調査報告書に準備した内容虚偽の通知文に基づき告発者通知を行うことを企て，共謀の上，行使の目的で，令和2年2月3日，同大学の主事務所において，発信者である同学長から受信者である告発者への件名「鈴木学位論文に係る規程違反の告発について（通知）」の文書発信原議書の文書決裁において，告発者通知文の案文として，告発者氏名を明記し，「令

和元年12月13日付で貴殿から告発のあった標記の件について，「国立大学法人総合研究大学院大学における研究活動の不正行為への対応に関する規程」に基づく予備調査を行い，告発された事案を本学における研究活動の不正行為とする合理性のある理由が見出せないとの調査結果により，本調査を行わないことを決定した旨，通知いたします。」との内容虚偽の告発者通知文の案文を作成し，これを同原議書綴に添付し，同原議書「学長」欄には「長谷川」と刻した印鑑を，「理事・副学長」欄には「永田」と刻した印鑑を各押印して同学長の文書決裁手続を完了し，引き続き同告発者通知文の案文浄書手続において同浄書通知文の同学長の名下に公印の学長役職印を押印し，これをもって有印公文書である内容虚偽の総研大企第81号通知文1通を作成し，これを翌2月4日，最高管理責任者がなす告発者通知の告発者として本件告発人に対しその住所宛に簡易書留郵便により発送してその翌日に本件告発人方に配達させ，もって虚偽の有印公文書を作成して行使したものである。

3　罪名罰条

虚偽有印公文書作成同行使

刑法第156条，第155条第1項，第158条第1項

4　立証方法

証拠は，主として総合研究大学院大学の法人文書等の物証であり，虚偽文書は没収することを得るのでその押収については同大学に対する的確にして果断な捜査が実施されるべきものと思料する。

5　添付書類

国立大学法人総合研究大学院大学の履歴事項全部証明書1通

二　総研大への刑事告発の告知

令和三年九月三〇日

バード法律事務所
弁護士　小　柳　泰　治

国立大学法人総合研究大学院大学学長　長谷川　眞理子　殿

令和三年一月二八日付規程違反の告発において予告するにとどめていた刑事告発の提起について（告知）

一　規程における刑事告発とその予告

国立大学法人総合研究大学院大学における研究活動の不正行為への対応に関する規程は、同規程に基づき調査を求める申立てを「告発」と規定しており、他方国の基本法である刑法の定める犯罪につき第三者が捜査機関に対して犯罪事実を申告して犯人の処罰を求めることを「刑事告発」としている。規程第一〇条第四項第四号「調査の結果、悪意に基づく告発であったことが判明した場合は、告発者の氏名の公表や懲戒処分、刑事告発があり得ること」の「刑事告発」がそれである。

本弁護士は、令和三年一月二八日付「国立大学法人総合研究大学院大学学長が令和二年二月三日付でした鈴木学位論文に係る規程違反の告発について本調査を行わない旨の処分に関する告発」の告発書において、その「二告発の理由」の「1虚偽公文書により本調査の実施を隠蔽して敢行された本調査を行わない旨の処分」に

（一）・（二）・（三）と分説して総研大の予備調査報告書に係る刑法の定める犯罪事実を詳述し、「この一連の事実関係に照らすと、国民としては刑事告発を考慮すべきものであるが、現時点では、本件告発の推移を見守り事案の是正措置に期待することとするものであろう。」と記述して総研大の告発に対する是正措置を期待しつつ「刑事告発の予告」にとどめておいたのであった。

二　予告から刑事告発の提起へ

その後、総研大による任意な是正措置への期待の望みが絶えたことを知り、本弁護士は、国民の一人としてこの予告するにとどめておいた刑事告発を提起するほかないと考えるに至った。刑事訴訟法は第二三九条に「何人でも、犯罪があると思料するときは、告発をすることができる。」と定めている。そこで本弁護士が告発人となり、令和三年七月に、

被告発人国立大学法人総合研究大学院大学学長長谷川眞理子

被告発人国立大学法人総合研究大学院大学理事兼副学長永田敬

の両名を虚偽有印公文書作成同行使の刑法の定める犯罪により横浜地方検察庁検察官へ刑事告発した。以後は、刑事訴訟法第一九一条「検察官は、必要と認めるときは、自ら犯罪を捜査することができる。」の規定に則り検察官が事件捜査手続を主宰する。横浜地方検察庁では事件受理手続を経て捜査中と承知している。よって、刑事告発を提起したことを告知するものである。

三　刑事告発予告後における犯行の動機に関する事実の確定

刑事告発を予告した時点において、犯罪の証拠についてはその収集・検討に万全を期しており、総研大の犯行の動機について被告発人らから聴取することができないので、間接証拠により証明する方法を採用した。わ

が国において平成二四年頃に論文作成されて相当年数経過後に不正が発覚した大学における論文不正案件としては、①東洋英和女学院大学、②国立大学法人京都大学、及び③総研大の論文不正案件合計三大学で計三件が判明しておりその余の大学の事例は確認されていない。以上の三大学の不正調査における本調査の実施状況については、令和三年一月二八日付規程違反の告発書の「二告発の理由」の「2総研大の本調査への嫌悪」にそれぞれを比較・検討してある。そのうちの京都大学の論文不正案件においては、同大学が令和二年八月に論文不正案件を公表したのであるが、その際は大学院学生の氏名を秘匿するとともに博士学位取消についてはその手続中であるとしており、本弁護士が数回にわたり同大学へ情報公開請求したものの不明な事実が残存しているためその補充が必要となっていた。その後京都大学では、令和三年五月二五日に同氏名秘匿した学生を中国人留学生「金晶氏」であると開示し、同時に同金晶への学位授与取消を公表し、これにより同大学は予備調査から本調査へと規模の大きい調査を実施した事実関係を確定させたのである。

以上により、刑事告発の提起の時点において、刑法犯罪の証拠については、罪体及び犯意・動機等の主観的事実の全てにわたり十全な証拠収集ができたのである。

四　本調査を実施することの総研大への期待

本弁護士は、平成三〇年一〇月一七日に総合研究大学院大学学位規則第二三条に基づく鈴木堅弘学術博士への学位授与の取消等の所定の措置を求めて通報したが、総研大の回答が「当該論文に不正を確認することができませんでした。」との回答であった。そこで、それまで論議されることのなかった総研大の論文・研究不正の分野に関する基礎体制を詳細に考察した上で、令和元年一二月一三日に告発の趣旨を「鈴木堅弘に対し学位が授与された博士論文の取り下げを勧告する。」として鈴木堅弘学術博士の学位論文に係る総合研究大学院大学における研究活動の不正行為への対応に関する規程違反事実をもって告発を申し立てたのである。
同告発の告発書の作成を進めるうちに、予備調査から本調査へと調査が進展するべき案件であると思料されたので、本調査への移行を見越して予備調査よりは多人数の本調査委員が即刻利用することが可能になり併せて大学事務職員の書類複写作成作業の省力化にも役立てるべく「通報関係書類」を告発書に引用添付することに思い至り、本調査に容易に対応することができる告発書を作成・送付した。つまり、総研大が同告発案件に真摯に対応するについては、本調査の実施が必須であると国民の一人として考えており、総研大へ本調査の実施を期待していたということである。その期待が総研大の刑法犯罪により粉砕される結果に終わったのである。

五　刑事告発により露見した規程の定める本調査実施に係る通知報告の懈怠とその修復

刑事告発により、規程の定める本調査実施に係る行政手続の懈怠が露見している。規程第一三条は、見出しに「本調査の通知・報告」とあり、その第一項には告発者に本調査を行うことの通知を規定し、第三項には文部科学省に対する本調査を行う旨の報告を必要的報告事項としているところ、その双方が懈怠されている実情にあることが認められる。総研大は、現在において右の懈怠を適切に修復するべき規程の定める義務を負っているのである。

以　上

論文不正とその挙証技術の資料集

二〇二一年一二月二〇日　初版第一刷発行

■資料編集――バード法律事務所
■資料著作――小柳泰治
■発行者――佐藤　守
■発行所――株式会社 大学教育出版
〒七〇〇-〇九五三　岡山市南区西市八五五-四
電　話（〇八六）二四四-一二六八(代)
FAX（〇八六）二四六-〇二九四
■印刷製本――サンコー印刷(株)
■装　幀――クリエイティブ・コンセプト
■DTP――難波田見子

ISBN978-4-86692-170-9